三民叢刊 262

# 禪與老莊

吳怡 著

三民書局印行

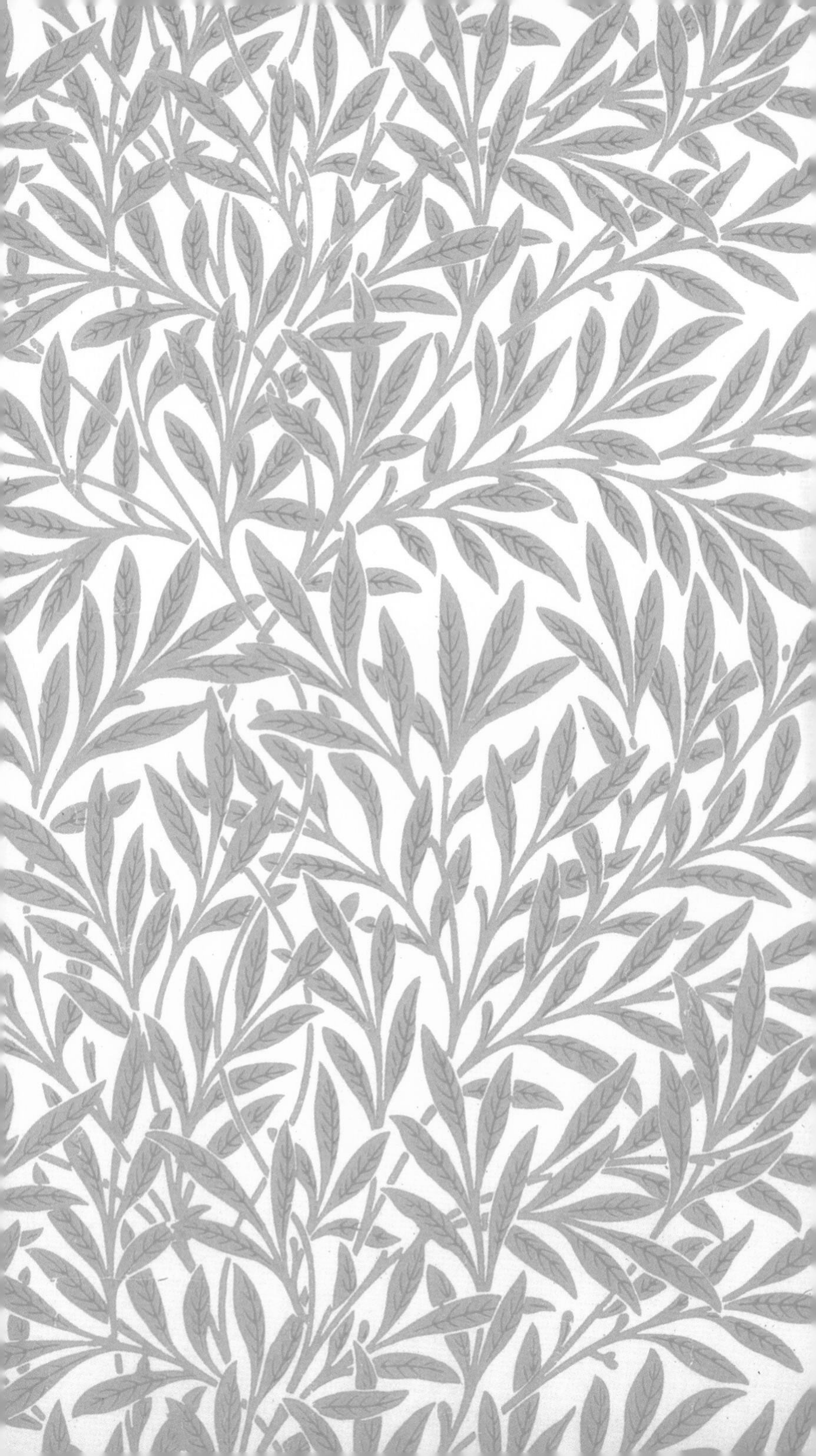

# 再版序

欣聞拙著《禪與老莊》一書再版了。離第一版(1970)已有四十五年之久。據說第一版已印刷了無數次，在我的著作中，可說是非常暢銷的一本。編者問我再版時，是否增訂或修改，我覺得雖然以現在的觀點和以前相比，會有許多出入，但年輕時的作品，有它的衝勁與活力，不如還它一個原貌。至於寫一篇再版序，我也覺得無話可說，因為禪與老子均不在多言，如果一再寫序，更犯了老子「多言數窮」之忌。不過我要借此順便一提的，是在七年前，我已把該書譯成英文，也頗受西方讀者歡迎，在此我要向讀者們表示感謝，謝謝他們對該書的偏愛。

吳怡謹上

# 自序

當筆者寫完《禪與老莊》一書後，才發現自己不是禪和老莊的忠實信徒，因為筆者已犯了禪道兩家的大忌——談得太多了。

然而促成本書的問世，卻有不能自已的動機，不得不談；所以筆者寧願吃禪師的棒喝，被老莊譏為「言者不知」，卻在畫「龍」類「蛇」之後，又補上了這篇「添腳」的自序。

禪，本是中國的土產，可是今天它在西方的吃香，卻遠勝過中國。日本鈴木大拙在美國傳禪，曾被譽為東方的聖人，由這點可以看出美國人士對禪學的醉心。因此有許多學者認為西方人士已了解東方文化的偉大。當然這只是樂觀一面的看法。而在樂觀的背後，卻有無限的深憂，因為西方人士所接觸的禪，多半來自於日本，而日本從中國所輸入的禪，已是中國禪的末流。今天日本學者在美國傳禪，為了適應西方人士的心理，又都把日本禪再加以西化。我們不能說日本學者對於禪學沒有貢獻，例如他們把禪道普遍化，影響到生活各方面，像插花、茶道、禪畫、箭術、武士道等，但這些只是禪的意境的運用，比起慧能禪那種雄厚的純樸境界來，顯然已經走了樣，變了色。

尤其西方人士今天之所以瘋狂地愛上了禪，乃是由於他們對自己宗教的失望，對機械文明的厭倦，而形成的一種不滿社會，不滿文化的偏差心理。固然高明之士，能借禪的提昇力量，超拔時流，以謀新的發展，例如默燈(Merton)著有《禪思的種子》，高漢(Graham)著有《禪的天主教義》，都是用禪去淨化他們的思想。但這種傑出的人才畢竟有限。多的是淺見之輩，徒拾牙慧，拳打腳踢，走入了狂禪，等而下之的，更以髒為淨，以亂為高，變相為嬉皮之流。雖然嬉皮的形成，原因很多，但美國有許多學禪者的類似嬉皮，卻早已為有識人士所不齒。

事實上，中國的禪宗是和儒道兩家有著不可分的關係，正像花、葉、根莖是三位一體的，不可能把花單獨剪下來，而求芳香永固。日本從中國接枝過去的禪學已有偏枯的現象，但幸好日本人對我國的儒道兩家並不陌生，所以還能異地開花。可是今天的美國對於儒道兩家毫無根基，因此這株禪的花朵在他們手中也只是作一二日的賞玩而已，又豈能接枝開花，淨化他們的園地。

也許有人會反駁說：老莊思想到魏晉時期，曾變為空虛的清談，當代名士那種藐視禮教，縱情聲色的作風，與今日嬉皮的頹廢又有何不同？禪學思想到了宋代末年，也只是在話頭上弄巧，方法上鬥奇，而不講究心性上的實證工夫。那種只會「麻三斤」，「乾屎橛」的狂禪，與今日嬉皮的令人噁心又有何差別？當然我們不否認魏晉的名士，宋末的狂禪，在中國道統上都是一些老嬉皮（諒也不至於像今日小嬉皮那樣面目可憎），但由於我國歷史悠久，文化蘊積雄厚，即使有這些小疵，也不足以構成大患，這是我們祖宗積德所致；同時由於我們已病過：「病病，是以不病」（老子語），因此我們也有免疫之能。可是今天西方社會上的嬉皮之患，卻並不如此樂觀。尤其是美國，歷史短，經驗淺，祖宗積德薄，又未曾患過大病，只要一個流行性感冒，已把他們鬧得天翻地覆，何況這個山雨欲來的文化大劫？這也正是有識人士所引以為深憂的。

筆者才疏學淺，不敢對此問題妄下斷語。至於本書之作，一方面固然希望從老莊的影響禪宗，以說明禪學有中國文化的深厚淵源；一方面卻希望在禪和老莊思想淨化了西方人心之後，再輸入儒家思想，為他們失落的下一代，紮個根。當然這一理想不是筆者的才力所能企及，但如果這冊小書有拋磚引玉之功，則筆者即使因多言而吃棒喝，也能甘之如飴的了。

最後，還必須一提的是：本書原為筆者在研究所中的一篇論文。早在七年前，南師懷瑾教授曾於文化研究所講授禪道。後四年，吳師德生（經熊）博士回國講學，於中華學術院也授禪學一科，筆者都親蒙教誨。因此本書之作，得兩位老師的指導和鼓勵甚鉅，現在也謹以此書，獻上一點筆者對他們的最高敬意。

作者謹識

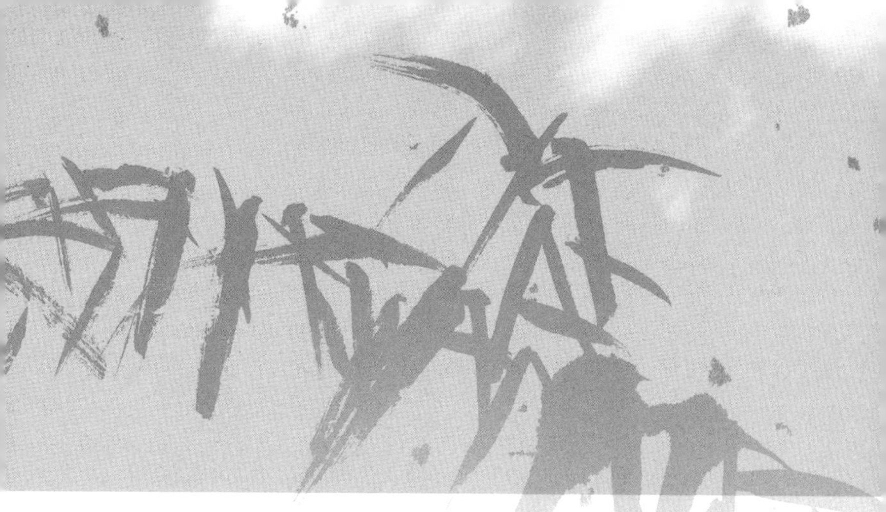

# 禪與老莊

目次

# 第一章　禪學史上的一大疑案

世尊在靈山會上，拈花示眾。是時，眾皆默然，唯迦葉尊者，破顏微笑。世尊曰：「吾有正法眼藏（註：即佛法精華），涅槃妙心（註：即真如本體），實相無相，微妙法門，不立文字，教外別傳，付囑摩訶迦葉」。（《指月錄》卷一）

這個故事，以禪學的眼光來看，是一段絕妙的公案。當時，釋迦牟尼的說法，不僅風趣，而且寓有深意。所以在場的僧眾，都面面相覷，不知釋迦到底說的什麼法？談的什麼理？只有摩訶迦葉會心的一笑，贏得了釋迦的咐託，於是這個微妙的說法，便一變而為嚴肅的傳法。接著：

世尊至多子塔前，命摩訶迦葉分座令坐，以僧伽黎圍之，遂告曰：「吾以正法眼藏密付於汝，汝當護持。」並敕阿難副貳傳化，無令斷絕。而說偈曰：「法本法無法，無法法亦法，今付無法時，法法何曾法。」（註：此即後代禪宗的傳偈，本偈只是說明法的本體是無法相的，禪宗所傳的即是這個無法的法）爾時，世尊說此偈已，復告迦葉：「吾將金縷僧伽黎衣傳付於汝，轉授補處（註：此即後代禪宗的傳衣鉢），至慈氏佛出世，勿令朽壞。」迦葉聞偈，頭面禮足曰：「善哉！善哉！我當依敕恭順佛故」。

這就是相傳釋迦授法給禪宗初祖摩訶迦葉的故事，從初祖開始，傳給阿難是二祖，傳到馬鳴是十二祖，龍樹是十四祖，直到菩提達磨是二十八祖。這是印度禪的傳法系統。自達磨到中國後，他便成為中國禪宗的初祖，再傳給慧可、僧璨、道信、弘忍，直到慧能，便展開了中國禪宗的法統。

然而，由輕鬆微妙的說法，一變為嚴肅的傳法後，這個在禪學上本是絕妙的公案，到了禪學史上，卻成為一段最神祕的大疑案。因為歷史學家也許不太注意幽默的一面，他們感覺奇怪的是：這個印度佛祖說法的故事，和二十八祖相承的事跡，在中國佛家所寫的傳記中，說得那麼娓娓動聽，系統分明。可是在印度翻譯過來的佛典中，卻都沒有明確的記載，這是什麼原因？

為了探索這個原因，於是有的人便大膽的假設：認為釋迦的拈花說法，和二十八祖的相承，在印度也許本無其事，而是中國的和尚為了高推聖境，使在中國誕生的禪宗，拉上了印度佛法的關係，所編造出來的一套故事。

關於這種假設，由於印度文獻本身沒有明確的記載，所以缺乏正面的根據，我們只得存而不論。不過對於這段傳法的故事，有許多地方卻是值得我們推敲的，例如：

1. 本來在宗教上，傳承法統是件大事，更何況釋迦所傳的乃是佛教中最上乘的「正法眼藏，涅槃妙心」，可是印度的佛家們對於這事非但沒有渲染，而且都沒有記載。傳說《梵王問佛經》中曾有這段故事。如《佛祖歷代通載》中曾說：

> 拈花之事，荊國王公對佛惠禪師泉萬卷言，親見於《梵王問佛經》中具載，但此經多言國家帝王之事，藏之祕府，世故無聞。（第四卷〈周穆王辛未年事〉之註）

但這只是傳聞，而無實際的證據，不能當作史實。至於《涅槃經》中雖然也記載說：

爾時，佛告諸比丘，汝等不應作如是語，我今所有無上正法，悉以付囑摩訶迦葉。

《大涅槃經》卷二〈哀歎品〉

不過這裡只記載付囑正法的事，並沒有拈花示眾的禪趣，也沒有二十八祖傳法的故事。這使我們不得不懷疑，一個在本國已經事跡隱晦，查無實據，而在幾百年後，幾千里外的異邦，卻大為渲染的故事，究竟有多少可靠性？

2. 依據印度二十八祖的傳法故事，都是一脈單傳的，而且都是在退位或臨死前，召見託法的弟子，授以正法，並傳偈子一首，如：

（摩訶迦葉）乃召阿難言：我今不久世間，今將正法付囑於汝，汝善守護，聽吾偈：法法本來法，無法無非法，何於一法中，有法有不法。（註：本偈也只是說明法的本體是沒有法和非法之分的）（《指月錄》卷三）

此後，印度的祖師，甚至直到中國的五祖弘忍，他們的傳法，都是這套公式的翻版。

在這裡，使我們感覺疑惑的是：釋迦傳法給迦葉時，是否故意規定好這個公式，代代相傳，否則為什麼如此的整齊劃一。而且這種單傳直承，在形式上，類似祕密教，好像是在向學生傳祕訣，這是否與釋迦弘教的旨趣有點不符。

3.在釋迦弘教的當時，一面有傳統印度教的壓力，及各種外道的競爭，一面佛教本身的理論尚未臻於完善，內部的組織還須積極鞏固，所以這時，一切在弘法，一切在建教，似乎沒有教外別傳的必要。因為在釋迦四十餘年的弘法中，要衝破固有的傳統，建立新的思潮，實在並非易事，而且在草創之時，最主要的是求教內本身的統一，豈能再教外別傳，製造分歧。如果說「教外別傳」，乃是指釋迦說法的對象不同：與一般僧徒，公開說教內的法；遇到根機敏銳的弟子，則個別傳以心法。這樣迦葉便是釋迦法統的繼承人，為佛教的二祖，這也是教內承傳，而非教外別傳了。

4.雖然這二十八祖被連成了印度禪的系統，但事實上，印度禪並未離教而獨立。這二十八祖都是弘教的大師，像阿難是初期佛教的功臣，馬鳴是大乘思想的中堅，而龍樹更是一身兼八宗之祖（註：除禪宗外，有中觀、三論、四論、天台、華嚴、真言、淨土）。如果我們再分析他們的生平言論、著作及影響，也都是在於教內。由這種禪教不分的色彩看來，使我們不得不懷疑他們的「別傳」，究竟是傳的什麼法。

5.如果退一步來說，假定釋迦的拈花說法，和這二十八祖的一脈單傳，都是歷史的事實；但我們還值得追究的是，他們所傳的法，是否就是中國禪宗所謂的禪道。先拿釋迦的付法來看，他說：

吾有正法眼藏，涅槃妙心，實相無相，微妙法門，不立文字，教外別傳，付囑摩訶迦葉。(《指月錄》卷一)

這段話中，前面四句並沒有特殊的禪味，因為教內各宗也都自認正法，自有眼藏，也都追求這個實相無相的妙心。至於後面兩句，雖然是中國禪宗所標榜的，但那只是一種口號，並非就是禪道。至於真正具有禪味的，倒是釋迦的拈花示眾，默然不語，有點類似中國禪宗的公案，可惜在印度的佛典中又沒有記載。而這二十八祖的傳法，似乎也都欠缺這點逸趣，只是單調的把衣缽傳給徒弟而已。我們在這種單調的傳法系統裡，實在不能不懷疑，他們所傳的是否即中國禪宗所謂的禪道。因為中國禪師對於這樣單調的傳承衣缽並沒有興趣，所以傳到了慧能手中，便傳不下去了，以後的禪師如果再問他們「祖師西來意」(註：即問佛法要義)，便要吃棒喝了。

6.印度思想與中國及西方思想比較起來，無論在內容、形式方面，都是偏近於西方。他們像西方思想一樣，有規模龐大的宇宙觀，有名相煩瑣的認識論，有系統嚴密的邏輯學，有極端強烈的宗教情愫。而主要不同的是，他們把這一切都包括在宗教裡，而他們的宗教又都建築在苦觀上。所以我們分析印度思想，大概可以歸納為兩點：一是他們喜歡說理，這個理固然極為深奧，可是他們說的技巧並不太高明，往往為了幾句話可以表達的問題，卻說上幾十萬言；二是他們個性內向，常常戴著悲哀的眼鏡看這個世界，所以顯得很沉悶，很嚴肅，也很枯燥。在這樣一個思想背景，和心理因素上，使我們懷疑是否能產生輕鬆風趣、生機活潑的禪學。

以上六點，雖然是我們的懷疑，但懷疑只是懷疑，並不足以構成否定了這個印度法統的論點。固然我們的懷疑，是由於他們根本沒有提供給我們任何證據和線索，但也正由於他們沒有提供給我們任何證據和線索，使得我們無從加以否定。這就同在漆黑一片中，你可以懷疑它沒有任何東西，因為你看不見；但由於你看不見，你也不能斷定它一無東西，今天我們要探索這段印度禪宗的史實，就遇到了這漆黑的一片，就遇到了這一個大疑案。

對於這個大疑案，我們本可存而不論。但不巧的是，中國的禪宗與這第二十八祖的達磨發生了關係，因此我們如果對這個問題，不作一個適當的安排，那麼中國禪宗的源頭上便永遠是漆黑一片。

可是我們究竟如何面對一片漆黑，去參破這個大疑案呢？固然在印度經典中，我們找不到證據，可是，很巧的，在中國的經典裡，卻發現了一點線索。那就是慧遠在所譯的禪經中有一段小序說：

佛滅度後，尊者大迦葉，尊者阿難，尊者末田地，尊者舍那婆斯，尊者優波崛，尊者婆須密，尊者僧伽羅叉，尊者達摩多羅，乃至尊者不若密多羅，諸持法者，以此慧燈，次第傳授，我今如其所聞而說是義。

慧遠是東晉時人，死於晉安帝義熙十二年（西元四一六年），比達磨到廣州（註：一般以為西元五二七年，胡適以為西元四七九年）要早了幾十年，所以當時中國還沒有禪宗的傳授，慧遠這段話當然沒有偽託的必要，也沒有替中國禪宗找源頭的可能。

從慧遠的這段介紹中，可以看到印度禪的一個模糊輪廓。不過慧遠所說的，與後代禪宗所列的二十八祖，有些出入。也許慧遠所看到的只是一部分，胡適在〈禪學古史考〉中，曾加以分析，現在我們不必為這個問題去絞腦汁，因為我們所感興趣的是：「以此慧燈，次第傳授。」兩句話。所謂慧燈，是指印度禪；所謂次第傳授，就是指印度禪的系統。所以在這裡，我們已有足夠的理由推證，印度禪的傳授，並非完全是杜撰的。

那麼這個印度禪的傳承，是否即中國禪宗的源頭，這裡面卻大有文章，因為印度禪有印度禪的系統，中國禪有中國禪的系統，這兩條系統之被聯合在一起，並非是自然的演變，而是有許多人為的因素。

我們先看印度禪的發展：

「禪」字即梵文「禪那」兩字的簡寫，意思就是靜慮或禪定。在釋迦創教以前，這種禪定之學便很流行。《奧義書》中早有禪定之法，名為「瑜伽」(yogu)如：

《伽特伽書》：「諸根（註：即指眼耳鼻舌身意等）調御堅定，是名瑜伽。」

《薄伽梵歌》：「寧靜曰瑜伽。」

同時數論（註：印度古哲學的一派）一派，也注重瑜伽。甚至有一派更以這種禪定為主，稱他們的學派為瑜伽派。釋迦生在六派哲學盛行的當時，自然也深受他們的影響，所以他在出家求道的時候，曾經學過三年的「無想定」（註：由斷絕思想而入定），後來又向阿羅邏（註：古印度之仙家）學「非想非非想定」（註：同時拋棄想和不想），這些都是當時最有名的禪定工夫。雖然他後來覺得禪定並非究竟，再去探求大道。但這種禪定的工夫對他一生的影響卻是很深的。

由於釋迦的思想，也不離禪定解脫，所以他雖然一面說法，教人從「理」上去解悟，但一面也傳禪，教人由「心」上去證道。前者屬於思想言行，後者屬於心性鍛鍊。釋迦對大眾傳教，自然是偏於前者，可是當他付法給迦葉時，卻是把教和禪一起傳授的，在《大涅槃經》中已說得很明白：

> 譬如大王，多所統領，若遊巡時，悉以國事付囑大臣，如來亦爾，所有正法，亦以付囑摩訶迦葉。

因為教是靠言語、文字去傳的，而禪則必須心性修鍊，實際去參，所以要「不立文字，教外別傳」。這裡所謂別傳，並非另立一派，而是說禪和教不同，是必須個別去傳心的，所以釋迦傳授的禪，根本也在於教內，只是傳授的方式不同而已。自釋迦傳法給迦葉後，由於迦葉本是外道，歸依佛教後，又是苦行的「頭陀第一」。所以從他開展出來的系統，便是以禪定為主。此一禪定是揉合了佛教的禪觀和外道的瑜伽。表現出來，乃是一種只重修行習定，而不談佛法理論的頭陀（註：頭陀所修的是苦行，即只靠一衣一缽，到處遊化乞食）風格，這便是印度禪的特色。

關於印度禪的傳入中國，並非自達磨開始，早在漢末魏晉，便已有禪法的流行。如漢末安世高所譯的《大小十二門》、《修行道地》、《明度五十計校》、《大小安般守意經》，都是討論禪法的經，而當時的韓林、皮業、陳慧、支讖、康僧會等人，都以行禪知名。及至東晉，禪法更盛，東來的僧人，如佛陀跋多羅（註：又譯佛馱跋多羅、覺賢），都教人習禪，門徒數百。至於鳩摩羅什，曾翻譯《首楞嚴經》，自稱為菩薩禪。其門下的僧肇，道生，一個主忘言，一個重頓悟，更與以後的禪宗有密切的關係。直到南北朝時，印度來了兩位禪師，一位是佛陀，傳授一種止觀的禪法，啟發了天台宗一派的思想。另一位就是菩提達磨，以《楞伽經》教人，傳授一種壁觀的禪法，開創了楞伽宗（註：楞伽宗一語為湯用彤及胡適所用，在中國佛教史上並無此名）一派的思想。

自達磨開始，傳慧可、僧璨、道信，而至弘忍，這是楞伽宗的系統，是半印半中的混合體，是印度禪到中國禪的一個過渡時期。弘忍門下有二大弟子，一個是神秀，一個是慧能，雖然他們兩人都被認為是禪宗的六祖，他們的弟子更為他們爭道統，但很顯然的，神秀的禪觀，承繼了達磨的思想，是屬於楞伽宗的系統。

至於慧能，承接了弘忍般若（註：般若兩字為梵文音譯，相當於漢文之智慧）性空的思想，以《金剛經》教人，卻不同於楞伽宗的系統。此後禪宗的心要，不再強調小乘的禪法，不再強調漸修的禪定，而是在中國思想的園地內，受大乘佛學的滋潤，所生長出來的禪道。所以自慧能開始，才真正揮脫了印度禪的色彩，建立了中國的禪宗。

問題到這裡已很顯然，我們固然不否認印度古代已有禪法的流傳，也不否認印度禪在中國佛學上的重要地位，但我們卻不能忽視：從慧能開創出來的中國禪宗，已完全脫離了印度禪的老路，而由中國人自己的方法，自己的情趣，自己的智慧，建立了一套屬於中國人自己的佛學。

# 第二章　禪學是中國的佛學

然而何以見得，慧能以後的禪學，完全走出了印度禪的系統，成為中國人自己的佛學？對於這一點，我們可以從禪學的四個富有中國思想的特色中去求證。

## 一、平易近情——不講神通，不拜偶像

中國思想一向注重平易近情，不僅儒家有中庸易簡之行，要我們造端於夫婦；就是道家也有和光同塵之論，要我們與世俗相處。因此在中國思想熏陶下的禪學，也自然的走入了這一路向。

至於印度，是一個宗教的國家，他們的文化是在神話的搖籃中成長，所以印度思想

充滿了神祕的色彩。佛教在當時雖是一個革新的學派，但仍然承襲了許多古代宗教的遺產。譬如它的宇宙觀，便多半來自婆羅門的教義，它的天有二十八個層次，地有一十八個層次，而每個層次中更有無數不同的天堂與地獄。這無異構成了一個錯綜複雜的大迷宮，佛在那裡？人在那裡？這不禁令人感覺迷惘了。

印度佛教既然充滿了神祕色彩，那麼「教外別傳」的印度禪，總該是平易近情了。事實不然，從魏初所傳入的許多禪經看來，它們調息安心的工夫，仍然是相當神祕的。尤其這二十八祖，傳說都是六通（註：即天耳、天眼、他心、宿命、神足、漏盡等六種神通）具足的，如：

> 佛涅槃時，尊者（迦葉）在畢鉢羅窟，以淨天眼，見世尊在熙連河側入般涅槃（註：簡稱涅槃，即佛滅度之意），即至雙樹，悲戀號泣。
>
> （達磨）遂端居而逝，葬熊耳山，起塔定林寺，其年魏使宋雲蔥嶺回，見祖手攜隻履，翩翩而逝，雲問師何往？祖曰：西天去。雲歸，具說其事，及門人啟壙棺空，惟隻履存焉。

這些故事雖然都是後人追記的，但在印度古代關於神通的信仰，也是非常普遍的。佛教中不僅聲聞（註：佛陀之弟子）、緣覺（註：佛名）、菩薩、佛具有神通；而且像天神、修羅神（註：鬼神名）、鬼神，乃至已修定的人與畜生，也都有神通。這樣看來，專門修禪習定的印度祖師，當然更不能例外了。可是中國的禪宗卻不然，它們對於神通，並無興趣，如：

（雲居道膺禪師）結庵於三峰，經旬不赴堂。洞山問：子近日何不赴齋？師曰：每日自有天神送食。山曰：我將謂汝是個人，猶作這個見解在！汝晚間來，師晚至，山召膺庵主。師應諾。山曰：不思善，不思惡，是什麼？師回庵，寂然宴坐，天神自此覓尋不見，如是三日而絕。

由這段故事，可見中國禪師把神通視為魔道，而非禪的最高境界。其實，慧能所開展的中國禪，即是使好談神通的印度佛學，還歸於平易近情，試看他的〈無相頌〉：

心平何勞持戒，行直何用修禪，恩則親養父母，義則上下相憐，讓則尊卑和睦，忍則眾惡無喧，若能鑽木出火，淤泥定生紅蓮，苦口的是良藥，逆耳必是忠言，改過必生智慧，護短心內非賢，日用常行饒益，成道非由施錢，菩提只向心覓，何勞向外求玄，聽說依此修行，天堂只在目前。

這段話是何等的平易近情！但對傳統的佛學來說，無異是當頭一棒。這一棒，不僅敲破了天堂之門，也敲倒了天堂內的佛；所以此後的禪宗，已無一佛可成，無一天堂可入，展現在面前的，只是一個平平實實的人間世。

由這種反對神通的思想，再進一步，就一變而為禪宗不拜偶像的獨特精神。儘管釋迦提倡人人皆有佛性。承認「諸佛世尊，皆出人間，非由天得也」（〈增含等正品〉）。但在宗教意識的貫注下，人與佛之間的距離仍然很遠。要想把這點佛性開發出來，使我們成為一個佛，其間還須經過許多階梯，許多戒行，許多鍛鍊。也許在釋迦創教的當時，這條通路並不遙遠，可是經過後代許多僧徒疊床架屋的解釋，和許多小乘教派標新立異的造論，反而使得這條成佛之道上，平添了無數的曲折和障礙。因此由於這條通路的崎嶇不平，成佛便很困難，而成佛既然困難，那麼佛和人的距離就無形的拉遠了，於是佛便高高的坐在天堂上，變成了一尊偶像。

釋迦的本意並非要把自己塑成一個偶像，讓人膜拜。他曾明白的說：「若以色見我，以音聲求我，是人行邪道，不能見如來」。但二千餘年來，卻沒有一個人敢公然的承認：「自心是佛」，只有我們那位本不識字的樵夫——慧能，敢站起來，大膽的說：

我心自有佛，自佛是真佛。

前人之所以不敢承認，並非他們不知道人人都有佛性，而是這點佛性正像花的種子，雖然含有花的本質，但並不就等於花。同樣具有這點佛性，也不就等於佛。如果把這點佛性開展而為佛，需要經過一大套手術的話，那麼我們便不能遽下結語說：「自心是佛」，因為在手術過程中，也許把整個自心都剔除了。至於慧能之所以敢說這話，乃是他發明了一個方法，不需要經過一大套手術，也不離開自心，便能使這點佛性立刻變成佛。這個方法就是頓悟，就是在一剎那間，心念一轉，便化佛性而為佛，他說：

一念悟時，眾生是佛。

一念平直，即是眾生成佛。

由於慧能發現了這一最簡易，最直截的方法，把人和佛之間的距離拉到最近時，人人都可以立地成佛，並不需要像買賣式的建多少廟，讀多少經，修多少行，積多少德。這時，人與佛的分別，只在一念，所謂：

前念迷，即凡夫，後念悟，即佛。

所以自慧能開始，佛的偶像才自然的消失。此後的禪宗，非但不重視膜拜，有時甚至呵佛罵祖，如德山宣鑒罵釋迦是乾屎橛，雲門偃要一棒把佛打殺與狗子吃，這從宗教的觀點來看，未免有點大不敬；其實，他們所罵、所打的，並非真正的佛祖，而是人們心目中的偶像，而是妨礙了自性的差別觀念。唯有了解到這一層，我們才能看出禪宗之所以有孤峰獨出的傲岸，原是為了進入一望無際的絕對境界。

## 二、一超直入——不重經典，不由漸修

印度佛學的發展，是由簡趨繁的，原始佛教理論，除了一部分承襲自古代的印度思想外，主要是以四諦（註：苦、集、滅、道等四種真理），十二因緣（註：為無明、行、識、名色、六入、觸、受、愛、取、有、生、老死等十二種緣起）為中心。這時，教海一味，並無大小乘（註：大乘度人，小乘度己）之分。到了釋迦死後一百餘年，才有二十多個部派的分裂，都屬於小乘的教理。直到六七百年間的馬鳴和龍樹，才有大乘思想的興起。雖然大乘本不滿於小乘的煩瑣，可是後來它自己也走上了這條路子。如九百年後的無著和世親兩兄弟，開展了分析煩瑣的唯識思想。

自印度佛學傳入中國後，雖經鳩摩羅什和玄奘等大師的大量譯經和極力弘揚，但中國佛學的發展，卻和印度相反，是由繁化簡的。這一趨勢在隋唐以後，特別明顯。天台和華嚴宗的判教，即是把複雜的印度佛學加以整理。至於在思想上，前者納三千（註：即三千大千世界）於一念，後者融理事於真心，更是把煩瑣的印度佛學加以簡化。這一趨

勢，直到禪宗，簡之又簡，簡到無可再簡之處，就只有離經捨教，一超直入了。

禪宗自慧能開始，便捨棄了《楞伽經》中「一百八義」的煩瑣分析，而以《金剛經》建立無住為宗，一超直入的頓教。這固然由於他本是一個不識字的樵夫，不為華貴典雅的傳統佛學所束縛，而能從自心中去見性成佛；同時更由於佛學中國化的結果，必然的會脫離煩瑣的印度思想，而建立簡易直捷的中國佛學。不過慧能在這方面的努力是平和的、建設的，他並不像後代許多個性剛愎的禪師一樣痛罵經書，如德山宣鑒禪師罵十二分教是鬼神簿，是拭瘡疣紙；夾山善會禪師把一大藏教當作坐具，把祖師玄旨當作破草鞋。但慧能卻告誡弟子說：

執空之人，有謗經直言不用文字，既云不用文字，人亦不合語言。只此語言，便是文字之相。又云直道不立文字，即此不立兩字，亦是文字，見人所說，便即謗他言著文字，汝等須知，自迷猶可，又謗佛經，不要謗經，罪障無數。

在這段話中，很顯然的，他並不反對文字和經書。他認為文字是表達思想的工具，經書是佛祖思想的記錄，兩者本身並無錯誤。錯只錯在，我們把表達的工具當作思想，把佛祖思想的記錄當作自己的真心。那麼這樣說來，慧能豈不是贊成文字和經書；仍然落於傳統佛學的窠臼？

事實不然，慧能的手法是高明的，他並不正面去反對文字和經書，去革傳統佛學的命。他雖然承認文字和經書都是思想的工具和記錄，但佛性不是思想，成佛只在一念。就在這裡，他一手把傳統的佛學推開，把問題轉入了另一個方面。因為佛性既不是思想，那麼成佛與思想無關，當然不必依靠文字和經書了。所以慧能的努力乃是把讀經和成佛分開，以建立一超直入的頓教，這是整個禪宗思想的關鍵所在。以後禪宗的「不立文字」，廢棄經書，也都是從這個關鍵上變化而來。如果它們有任何過當之處，也只是為了矯枉，不得不過正而已。

由於不重視經典，因此也就必須推翻經典所發揮的漸修法門。

事實上世界各種宗教，無論主他力，或自力，都是走漸修的路。主張他力的，當然是不斷的祈禱，不斷的膜拜，希望有一天能夠感動神明，使自己往生天國。而主張自力的，也必須不斷的持戒，不斷的行善，希望有一天能夠跳出輪迴，證入涅槃。

印度佛學雖然是宗教和哲學的一種混合體，但因為它畢竟是歸本於宗教的，所以仍然是走漸修的路。而且這條路途由於印度佛學的日趨煩瑣，也愈為漫長。就拿萬有的法來說，以法相宗的歸納，便有一百種。至於比丘的戒行，以律宗的規定，也有二百五十種（註：比丘尼更過此數），因此要想通過這一百個關，接受二百五十種考驗，實在並非易事。再以教外別傳的印度禪來說，那神祕的禪法、壁觀，和苦行的頭陀生活，仍然是落在漫長的漸修之途上。

自印度佛學傳入中國後，雖然經過中國思想的沖洗，和道生等高僧的改良，但真正捨棄漸修之途，開創了頓教的卻是慧能。

慧能的頓悟，和神秀的漸修，雖然同被認為是禪門的二法，其實神秀的漸修是承繼印度禪的色彩，而慧能的頓悟卻完全是中國禪的精神。就以他們的兩首偈子來說，神秀的偈是：

身是菩提樹，心如明鏡臺，時時勤拂拭，勿使惹塵埃。

在這首偈子中，我們只看見一位虔誠的信徒，每天戰戰兢兢的在那裡洗心，在那裡除惡，在那裡天人交戰，可是他的理想、他的歸宿，仍然在那個遙遠的彼岸。我們再看慧能的這首偈子：

菩提本無樹，明鏡（註：明鏡喻心，莊子也有至人之用心若鏡之語）亦非臺，本來無一物，何處惹塵埃？

這時，那位信徒已經感覺疲倦了，已經產生懷疑了，於是他放下行囊，坐在一邊靜想；這條路途那麼漫長，是否有個終止。而且這個終止之處，是否就比目前的境地好呢？突然他抬起頭來看看周圍，不禁笑出聲來，這眼前的一切不是都很美嗎？自己所追求的理想不是就在眼前嗎？在這一念之間，他頓悟了。於是便拋掉了行囊，盡情享受眼前的一切，正是所謂：

青青翠竹盡是法身，鬱鬱黃花無非般若。

慧能這種頓悟的境界，乃是在一剎間，使這個現成的世界，變為美麗的天堂，雖然現象界仍有善惡美醜的差別，但他頓悟了之後所看到的，卻是永恆的善，絕對的美。所以他說：

> 凡夫即佛，煩惱即菩提。前念迷，即凡夫；後念悟，即佛。前念著境，即煩惱，後念離境，即菩提。

這一念之轉，便使整個相對的、斷滅的、醜惡的世界，變為絕對的、永恆的、美麗的樂園。禪宗的頓悟，就是要把握這一念之轉。記得前人有一首詩：

> 蕭寺雲深處，方塘野徑斜，碧潭空界月，出水一聲蛙。

日人芭蕉也有一首俳句：

> 寂寞古池塘，青蛙躍入水中央，潑剌一聲響。

這個世界本是「萬古長空」，一切不住的，而青蛙出水的一聲鳴叫，入水的一聲潑剌，正像「一朝風月」，雖然短促、無常，卻是萬古如斯，永恆不遷的。這一聲，是宇宙中一個活潑的禪機，而在我們日常生活中，到處都是這些禪機，只要我們隨手拈來，一剎現成，不勞把捉。正如慧能所說：

一切時中，念念自見，萬法無滯，一真一切真，萬境自如如（註：如其自然本色也）。所以一聲一菩提，一剎一真如，禪宗所悟破的，就是這一聲，所把捉的，也就是這一剎。

## 三、自然無為——不用坐禪，不立法障

印度佛學無論何宗何派，都有成佛的法門，即使是以「無門為法門」的達磨禪，猶有二入四行，凝住壁觀。其實在印度佛學中，坐禪本是共法。釋迦在菩提樹下成正覺時，一坐四十九天，也是坐禪。至於印度禪，本以禪定為主，所以更離不了坐禪。

自印度佛學傳入中國後，儘管成佛的法門有了許多改變，儘管中國禪宗捨棄了一切方法，但坐禪卻仍為各宗所共法。歷代禪師也都離不了坐禪。不過在這裡值得我們注意的是，從慧能開始，坐禪的精神卻起了極大的改變。《六祖壇經》中曾記載說：

薛簡曰：「京城禪德皆云：欲得會道，必須坐禪習定，若不因禪定而得解脫者，

未之有也。未審師所說法如何？」師曰：「道由心悟，豈在坐也。經云：若言如來，若坐若臥，是行邪道。何故？無所從來，亦無所去，無生無滅是如來清淨禪，諸法空寂是如來清靜坐，究竟無證，豈況坐耶。」

在這段話中，薛簡所謂京城禪德是指神秀一派人物，他們承繼達磨祖師所傳的印度禪，所以著重禪定，認為坐禪是成佛的主要方法。但慧能卻不然，他以為坐禪既是一種方便的法門，如果執著坐禪，便是著相，便是有了執著，所以他「惟論見性，不論禪定解脫」。

此後的禪宗儘管它們生活起居不離蒲團，但那只是僧人習定生活的一種，正像吃飯、看經一樣，固然也有其需要，也有所助益，但與成佛並無直接關係。所以長慶慧稜禪師，二十餘年來，坐破了七個蒲團，仍然未能見性，直到有一天，偶而捲簾時，才忽然大悟。便作頌說：

也大差，也大差，捲起簾來見天下，有人問我解何宗，拈起拂子劈口打。

慧稜的這種經驗，令人想起了後來王陽明的龍場證道，陽明三十年來求仙學佛，都沒有心得，結果由一夢而大悟，不禁興奮的高歌：

大道即人心，萬古未嘗改，長生在求仁，金丹非外傳，謬矣三十年，於今吾始悔。

這兩段故事，如出一轍，都是說明了向外追求、執著方法的錯誤。

禪宗之所以杜絕一切法門，甚至連坐禪也要捨棄，就是要我們對外，不依靠助緣；對內，不起心造作。一切都合於自然。正如無門和尚的頌說：

春有百花秋有月，夏有涼風冬有雪，若無閑事挂心頭，便是人間好時節。

禪宗的精神與自然相契，春看百花秋望月，夏享涼風冬賞雪。能自在無礙，便「日日是好日」了。如果讀經而句句著經，坐禪而念念不忘禪，那樣便永遠為自己運用的方法所障，而解脫不了。所以禪宗的道在於自然無為，「要眠即眠，要坐即坐」，「熱即取涼，寒即向火」，唯有這樣，才能坐亦禪，臥亦禪，靜亦定，動亦定，吃飯拉屎，莫非是道了。

由於禪宗推崇自然無為，連坐禪也要加以揚棄，因此使它幾乎沒有一種方法可以憑藉。不過為了要達到徹底的自然無為，它卻有一套不屬於普通方法的方法。這種特殊的方法，比坐禪更為直截而有效。

禪宗的這套特殊方法，乃是用任何手段，把對方趕得走投無路，到處碰壁，然後讓他們自己「懸崖撒手」，「絕後再蘇」，忽然而悟道。這正像用火箭送人造衛星入太空，送到一半時，火箭突然調皮的溜走，剩下無依無靠的人造衛星，只好奮其餘力，躍入軌道。這話如何說法呢？

我們先看世界上任何學術和宗教，它們傳授學生，都是利用語言文字的表達功能，而且都是正面的去疏導和啟發，直到學生完全了解老師的意思為止。譬如蘇格拉底的產婆法，雖然他沒有先說出結論，而是誘發學生自己去思想，但他一步步的追問，都是正面的去接引，而且學生所得的結論，也正是他所預期的。至於印度佛學，雖然傳道法門特殊，常常用破的方法，去破有、破空、破我執、破法執。但它們破有破空時，即希望對方不執邊見；破我執法執時，即要求對方法我俱遣。所以仍然是正面的去接引。

可是禪宗卻不然，語言文字在它們手中，非但不是傳導的工具，而且是一種絕緣體。當學生向老師討取意旨時，他們非但不示以正法，相反的卻以絕緣體去斬斷對方的思路，封閉對方的要求。這正像熱戀中的男士，突然打了一個電話給愛人說：「親愛的，你是否真的愛我？」對方便忿然的說：「不知道」，或「砰」的一聲，掛斷了電話，這「不知道」和「砰」的一聲，沒有否定，也沒有肯定，只是告訴對方：「你的問題太無聊了，問你自己吧！」禪宗的機鋒冷語，公案棒喝，便是這「不知道」三字，和「砰」的一聲。

譬如：

僧問：「如何是佛？」

雪峰答：「寐語作麼生？」

僧問：「如何是佛法大意？」

巖頭答：「小魚吞大魚。」

僧問：「如何是祖師西來意？」

德山答：「門外千竿竹，佛前一炷香。」

這些回答，都是答非所問，都是「不知道」三字。又如：

雪峰問：「從上宗乘學人還有分也無。」師（德山）打一棒曰：「道什麼。」曰：「不會。」至明日請益，師曰：「我宗無語句，實無一法與人」，峰因此有省。（臨濟）見徑山，徑山方舉頭，師（臨濟）便喝，徑山擬開口，師拂袖便行。

這種所謂「德山棒，臨濟喝」，都是「砰」的一聲，掛斷了電話。

由上面這些例子，可以看出禪宗教授方法的特殊，它們雖然也用文字，卻不立文字；雖然也要坐禪，卻不執著於坐禪；雖然也有方法，卻不成其為方法。像這種特殊的色彩，不僅印度佛學中沒有，就是世界各種學術，宗教中也找不到。這完全是中國禪師的匠心獨運了。

## 四、妙趣橫生——不落窠臼，不拘一格

一提到宗教，都意味著一種神聖的使命，同時也總伴隨著一種敬畏的心理。試看任何宗教傳道的場面都是神祕的，嚴肅的。就拿佛教來論，每次釋迦登壇說法，都是頂後

放光，現莊嚴色相，然後十方僧徒膜拜，合掌而坐。即使在平日他和弟子問答，也都是循規蹈矩，沒有一絲笑謔。否則便犯了輕慢之戒，因為以苦觀為出發點的佛教，對人間的一切都要捨棄，又豈能留戀人生的逸趣。

由於印度佛教的莊嚴其事，因此我們今天所看到的佛經，都是正正色色的在說法，即使其中也穿插了許多偈語和故事；但說教的氣味太濃，缺乏詩情畫意，也沒有保留一點弦外之音去讓讀者賞玩。

可是中國的禪宗卻不然，它們了解佛經說太多的理，使人們被理所窒息，反而沒有呼吸的自由。這正像在魚缸中放了過多的餌，非但無益，而且有害。所以它們避免了枯燥的說教，把理寫進詩篇中，放在笑聲裡，讓人們自由的呼吸。

當我們展讀禪宗的語錄和傳記，到處可以看到美麗的詩篇，到處可以聽到開懷的笑聲，然而就在這詩意中，我們陶醉了，就在這笑聲裡，我們悟道了。請看：

盡日尋春不見春，芒鞋踏遍嶺頭雲，歸來偶過梅花下，春在枝頭已十分。（某尼詩，見《鶴林玉露》）

寒氣將殘春日到，無索泥牛皆踍跳，築著崑崙鼻孔頭，觸到須彌成粪掃。牧童兒，鞭棄了，懶吹無孔笛，拍手呵呵笑；歸去來兮歸去來，煙霞深處和衣倒。（長慶應圓禪師）

從這些詩篇看來，這裡面並沒有向我們說什麼教，可是讀過了以後，卻使我們頓感「今朝塵盡光生，照破山河萬朵」（郁山主語），一切的道，一切的理，歷歷分明，如在眼前。

禪宗不僅用文學的造境，去烘托這個道，而且有時，用近乎戲謔的方法去說明這個理。試看：

尼問：「如何是密密意？」師以手搯之。尼曰：「和尚猶有這個在。」師曰：「卻是你有這個在。」

（淨居尼玄機）乃往參雪峰，峰問：「甚處來？」曰：「大日山來。」峰曰：「日出也未？」曰：「若出則鎔卻雪峰。」峰曰：「汝名甚麼？」曰：「玄機。」峰曰：「日織多少？」曰：「寸絲不挂。」遂禮拜退。才行三五步，峰召曰：「袈裟角拖地」，尼回首。峰曰：「大好寸絲不挂。」

一個和尚以手掐尼姑，一個尼姑對和尚說自己寸絲不掛，這在傳統佛教中，那還得了，簡直是花和尚、花尼姑，要被逐出教門了。可是我們的禪師、禪婆，卻談笑風生，以此傳道。這不禁使我們想起了二程觀妓的故事。伊川是「眼中無妓，心中有妓」，明道是「眼中有妓，心中無妓」。禪宗之所以能喜笑怒罵，莫非是道。不僅做到了「心中無妓」，而且也是「眼中無妓」。所以手掐處，已無物可掐；寸絲不掛處，已無體可掛了。

像禪宗這樣富有文學的氣味，和近於戲謔的傳道方式，在嚴肅的印度佛學中，是絕對找不到的。事實上，也只有中國的高僧，才有這種文學的素養，才敢有這樣調皮的作法。

前面已列舉了禪學的四大特色，在這四點中，如平易近情，自然無為，都是儒道思想的結晶，都是中國思想的本色。至於一超直入，及妙趣橫生等，只有在中國思想的園地內，受中國性靈的含育培養，才能開花結果。因此問題到這裡已很明顯，儘管中國禪宗在源頭上，曾與印度禪有點淵源，儘管中國禪宗在開創時曾受過大乘思想的灌溉，但以禪學思想來說，無論在精神、內容，和形態方面，都是中國思想的產物。沒有印度佛學，固然中國的思想家不會去做和尚，去研究什麼禪道，但沒有中國思想，印度佛學也只有止於小乘的禪觀和分析煩瑣的法相宗，絕對開展不出那樣生機活潑的禪學思想。所以我們可以肯定的說：禪學是中國的佛學。

# 第三章　禪學的道家背景

禪學既然生根於中國的園地上，是純粹的中國佛學。那麼它的思想必然與儒道兩家源流共沐。因此從慧能開展出來的禪學系統，便兼有儒道兩家思想。不過這並非說：禪宗學者，都是精通儒道兩家典籍，然後加以融會的。而是因為他們都是中國的僧侶，都是在中國思想所灌溉的園地內成長的，縱使他們沒有讀過儒道的書，但在這塊園地的泥土裡，他們卻很自然的吸取了儒道兩家的思想。

由此可見，禪學之所以融合儒道兩家思想，並非偶然的，也非人為的。事實上，在唐宋間的中國思想界根本是一個大熔爐。這一時期，無論那一家，那一派的學說，都是兼有儒道佛三家的思想。這時的儒家，是新儒家；這時的道教，是新道教；這時的佛學，是新佛學。它們之所以為新，乃是在原有的系統外，再吸收其他兩家思想。譬如新儒家的理學，新道教的全真道，便是在它們本身的學統外，再兼採道佛，或儒佛兩家思想。同樣，新佛學的禪宗，也是在傳統佛學外，兼融了儒道兩家思想。

不過在這裡必須注意的是：理學雖然兼採道佛兩家思想，但那些新儒家們，為了發揚孔孟，維護道統，不得不排道闢佛。全真道雖然吸取儒佛兩家思想，企圖革新以符籙為主的傳統道教，但它們身為神仙家，也擺脫不了宗教的色彩。至於禪宗卻不同，它們消化了儒道兩家思想後，便完全擺脫了印度佛教的舊傳統，而開創了嶄新的中國佛學。禪宗之所以有這樣的成就，固然由於慧能及以後許多禪師的智慧和氣魄，但我們也不能忽略了一個重要的因素，便是早在印度佛學傳入中國的時候，首先去開門迎接的是道家思想。此後經過了三百餘年來，無數半佛半道的中國高僧和名士的努力，才使佛與道逐漸融合，才使佛學完全的道家化，而有禪學的產生。所以自魏晉以來，佛學的中國化，實際上乃是道家化。至於儒家思想的融入，卻是在佛學徹底道家化以後的事了。基於這一理由，因此今天我們研究禪學，必須從源頭上看看禪學的道家背景。

## 一、禪法與方術的接觸

當一個外來的宗教，要突破另一國文化，去傳布它們的教義時，最先往往不是以高深的理論去說服對方的知識分子，而是用最淺近、最神祕的信仰和法術，到素樸的民間去發酵。印度佛教的傳入中國，便是走這條路線。

依據一般的公認，印度佛教開始傳入中國，是在漢明帝永平年間。這時，在表面上雖然仍保留著儒學獨尊的空架，但骨子裡卻充滿了陰陽讖緯，神仙方術。其實自武帝以來的漢代君主，不僅外儒內道，而且他們所崇尚的道，又多半是方士的道術，並非老莊的玄旨。如武帝好神仙，成帝學鍊丹，王莽尊圖讖，光武奉占候，楚王英信方術，而明帝夜夢神仙，才遣使去西域求佛法。所以在這樣一個儒學空虛，道家蛻變的時代中，印度佛教要圖生存和發展，便只有與神仙方術結合。湯用彤先生曾說：

按佛教在漢代純為一種祭祀，其特殊學說為鬼神報應。王充所謂「不著篇籍，世

間淫祀，非鬼之祭」，佛教或其一也。祭祀既為方術，則佛徒與方士最初當常並行也。（《漢魏兩晉南北朝佛教史》第一分第四章）

事實上，漢代的佛教並不限於齋戒祭祀，和鬼神報應，因為當它最初在民間起信時，常常需要一些神通，去收服人心。尤其在神仙方術瀰漫的東漢，印度佛教要想站住腳跟，便必須拿出一套高明的法術來和方士競爭。據《古今佛道論衡》中記載，在漢明帝時，曾有道士褚善信等，上書排斥佛教，而奉詔在白馬寺和摩騰鬥法，結果道士失敗，被迫出家奉佛。這段故事雖經後人斷定是捏造的，但卻反映了一個事實，就是佛教在當日包圍於神仙方術中，不僅和方士並行，而且發生了衝突。由於衝突，一面以神奇為號召，希望壓倒對方；一面附和於方術，以推行它的教化；一面則向它的大本營討救兵，盡量輸入有關法術的經典。所以這時西來的名僧，都是擅長術數，如譯經大師安世高便對於「七曜五行，醫方異術，乃至鳥獸之聲，無不綜達。」（《高僧傳》卷一）至於他所譯的經有三十餘部，著名的如《安般守意》、《陰持入》、《大小十二門》、《道地》、《禪行法想》、《阿毘曇五法》等經，都是有關禪法的，都是屬於小乘的禪觀修行，正好和當時的神仙方術連成了一氣。

以《安般守意經》來說：它是當代最流行的一本禪經。所謂安般守意，依該書的解釋是：

安名為入息，般名為出息，念息不離是名為安般。守意者，欲得止意。在行者新學者，有四種安般守意行，除兩惡十六勝，即時自知乃安般守意行令得止意。何等為四種：一為數（註：數呼吸也），二為相隨（註：順著呼吸也），三為止（註：心念專一也），四為觀（註：返觀內視也）。（《大安般守意經》卷上）

從這段解釋可知安般守意乃是由呼吸的方法，打消意念而入禪定。這與中國方士的吐納之術，及後代道士的行炁之法有點相似。吐納之術的起源很早，在《莊子‧刻意》篇中便有「吹呴呼吸，吐故納新」的記載，但詳細情形不得而知。至於行炁之法，在《抱朴子》一書中卻寫得很明白：

初學行炁，鼻中引炁而閉之，陰以心數，至一百二十，乃以口微吐之，及引之，皆不欲令己耳聞其炁出入之聲，常令入多出少，以鴻毛著鼻口之上，吐炁而鴻毛不動為候。漸習轉增其心數，久久可以至千，至千則老者更少，日還一日矣。（《抱朴子》內篇〈釋滯〉卷第八）

安般守意和吐納行炁的方法雖然不同，但原理卻相似，都是由數息而止念，由止念而入定。入定以後，都有神通，都能返老還童，「制天命，住壽命」。所以這兩者在當時便一拍即合。

大致東漢以來流行的禪法，不外於安般守意。安世高教人所習的禪，便是行安般。世高傳給陳慧，陳慧再傳給康僧會，便構成了安般禪法的系統。這一系統主張行安般可以成神，與神仙家養氣成仙之說，完全一致。所以在當時極為風靡。

禪法和方術的結合，是印度佛學與中國道術最早的接觸，但這次接觸並沒有觸及思想的核心，因為禪法在印度佛學中不是最高境界，它一方面為婆羅門及其他外道所共法，一方面又屬於小乘的禪觀修行，所以在大乘佛學中都不談禪法。至於方術在道家思想裡更是一種旁門，《莊子．刻意》篇中便批評吐納導引，只重養形延壽，而非道家本色，後來方術附於道教，其成分也就更混更雜了。所以禪法和方術都不是佛道兩家思想的主流，它們的結合，只是這一融和過程中的一個小插曲，一種不成熟的嘗試而已。

## 二、般若與玄學的合流

這一嘗試，到了魏晉之際，便有了新的轉變。因為自魏正始以來，由於何晏、王弼等人的提倡，清談之風漸盛。清談的起因固然很複雜，但在思想的脈絡來看，不外於反對漢代的訓詁，痛感儒學的衰弱，而逼出道家思想來安慰人心；再由於神仙方術的攀附，使得道家思想混濁下沉，而逼著大家向上去追求老莊的玄旨。所以這些清談家們不僅對訓詁之學厭棄，而且對方士長生久視之術，如郤儉的辟穀，甘陵的行炁，左慈的補導，也都表示不信。如曹丕在《典論》中批評說：

> 夫生之必死，成之必敗，天地所不能變，聖賢所不能免，然而惑者望乘風雲與螭龍共駕，適不死之國，國即丹谿，其人浮游列缺，翱翔倒景，飢餐瓊蕊，渴飲飛

泉，然死者相襲，丘壟相望，逝者莫返，潛者莫形，足以覺也。（《全三國文》卷八）

雖然嵇康有養生之論，曹植、阮籍、張華、何劭、張協、郭璞等人都有遊仙之詩，但他們嚮往的，乃是逍遙的境界，乃是玄學的神仙，而非講求符籙呪語，作威作福的方術的神仙。所以這時一般有識之士，已逐漸擺脫兩漢以來的鬼神祭祀，災異讖緯。即使鍊丹鼻祖，好談神通的葛洪，猶批評說：

夫福非足恭所請也，禍非禋祀所禳也，若命可以重禱延，疾可以豐祀除，則富姓可以必長生，而貴人可以無疾病也。

曩者有張角、柳根、王歆、李甲之徒，或稱千歲，假託小術，坐在立亡，變形易說，誑眩黎庶，糾合群愚。

佛教在這樣一個風氣轉變的時候，一方面為了適應環境，一方面由於在民間的傳教已有基礎，所以便逐漸脫離了方術，而到士大夫社會中去另謀發展。但這時士大夫社會陶醉在玄學清談中，很少有人推崇那種安般守意的禪法了。因此佛教要想與玄學同流，便必須拿出一套清談的工夫來。幸而佛教中的「般若」思想和老莊的玄旨相近，適於清談，所以在這方面的儲藏比禪法還豐富，只要風氣一轉，便立刻由和方術相混的漢代佛教，變為高談清淨無為的魏晉佛學。

早在漢末，和安世高同時來中國的，有位支讖（註：本名支婁迦讖）曾翻譯《般若道行品》、《首楞嚴》、《般舟三昧》等經，這些經和安世高所譯的小乘禪不同，都是宣揚大乘的禪觀。不過在當時為方術及小乘禪法所蓋，並不流行。直到魏晉之際，由支讖的再傳弟子支謙的弘揚，這些大乘的經典才流行於中土。湯用彤曾說：

> 安世高，康僧會之學說，主養生成神，支讖、支謙之學說，主神與道合，前者與道教相近，上承漢代之佛教，而後者與玄學同流，兩晉以還所流行之佛學，則上接二支，明乎此，則佛教在中國之玄學化，始於此時，實無疑也。（《漢魏兩晉南北朝佛教史》第一分第六章）

所謂佛教在中國的玄學化，就是般若思想與老莊玄旨的結合。自此以後，一方面是般若經典的大量翻譯和流傳，一方面是玄學清談的愈談愈盛，而且這兩方面又正好是相輔相成，相得而益彰，所以使得整個魏晉南北朝變成了名僧和名士的天下。

這時的名士，如王導、周顗、庾亮、謝鯤、孫綽、桓彝、桓玄、謝安、謝玄、許椽、郗超、王羲之、王坦之、習鑿齒、陶淵明、謝靈運等人，有些是政治上的領袖，有些是文學界的泰斗，都與佛學有密切的關係。而當時的名僧，如于法蘭、于道邃、支孝龍、康僧淵、康法暢、支愍度、竺法深、支道林、道安、慧遠、僧肇、道生等人，雖然都是清淨的佛門，但卻常和名士來往，甚至參加清談，以老莊的玄旨，壓倒名士，如《世說新語》中便有許多記載：

王逸少作會稽，初至，支道林在焉，孫興公謂王曰：「支道林拔新領異，胸懷所及，乃自佳，卿欲見不？」王本自有一往雋氣，殊自輕之。後孫與支共載王許，王不與交言。須臾支退，後正值王當行，車已在門，支語王曰：「君未可去，貧道與君小語」，因論《莊子・逍遙遊》，支作數千言，才藻新奇，花爛映發，王披襟解帶，留連不已。（《世說新語・文學第四》）

不僅像支道林等名僧，深通老莊，要擠入清流；即使在當時持戒最嚴的慧遠，他三十七年不離廬山一步；他為了不拜王侯，三度上書給桓玄；他臨死時為了戒律，而不肯飲豉酒。照理說，總該和清談絕緣。其實他仍然和殷浩、陶淵明等人往來，仍然以老莊解佛，如：

殷荊州曾問遠公：「《易》以何為體？」答曰：「《易》以感為體。」殷曰：「銅山西崩，靈鐘東應，便是《易》耶？」遠公笑而不答。（《世說新語・文學第四》）

（慧遠）年二十四便就講說，嘗有客聽講，難實相義，往復移時，彌增疑昧，遠乃引莊子義為連類，於惑者曉然，是後安公特聽慧遠不廢俗書。（《高僧傳》卷三）

這些名士和名僧之所以氣味相投，樂於清談，就是因為老莊的玄旨與般若的思想可以互相發明。當代名士所談的玄都是以無為本，據《晉書・王衍傳》所說：

魏正始中，何晏王弼等，祖述老莊立論，以為天地萬物，皆以無為本。無也者，開物成務，無往而不存者也。

至於般若思想以性空為體，據劉宋時的曇濟分析，當代的般若學有本無（道安為主）、本無異（竺法深為主）、即色（支道林為主）、識含（于法開為主）、幻化（道壹為主）、心無（竺法溫為主）、緣會（于道邃為主）等七宗。而這七宗的學說，都是以「無」為立論的中心，正好和玄學的崇尚虛無，互相呼應，互相印證。所以這些名士和名僧，不是以老莊解佛，便是以佛解老莊。今天我們翻一翻當時所譯的經，所作的注，所寫的論，都反映著玄學的色彩，都套用著道家的術語。如支謙所譯的《摩訶般若波羅蜜多經》，即《道行經》，也稱為《大明度無極》，便改掉胡音，而用道家術語，至於內容更是反映老莊的玄旨。再如孫綽在〈喻道論〉中便以「無為」釋佛，他說：

> 夫佛也者，體道者也，道也者，導物者也，應感順通，無為而無不為者也，無為故虛寂自然，無不為故神化萬物。（《弘明集》）

由於這些名士和名僧的趣味相投，使得魏晉間的佛學完全是玄學和般若的合流，這時的般若已非印度的般若，而是玄學的般若，最能代表這一特色的，便是僧肇的四論。

## 三、僧肇的四論

如果說，由禪法與方術的接觸，到般若與玄學的合流，這是禪學的道家背景的話，那麼僧肇的四論，便是這個背景中最特出的表現。因為般若與玄學的合流，固然是針對禪法與方術的一種揚棄，但它們所合之處，在於這個「無」字。而這個「無」字，本不易把握，再加上清談之風的影響，因此易流於虛無。魏晉名士的由曠達、放誕、而至於頹廢，暫且不論；就是當代許多名僧，也往往或走入玄學的迷宮，失去了佛學的正旨，或眷戀於清談的虛名，而離開了清淨的佛門。《世說新語》中曾記載：

康僧淵初過江，未有知者，恆周旋市肆，乞索以自營，忽往殷淵源許，值盛有賓客，殷使坐，麤與寒溫，遂及義理，語言辭旨，曾無愧色，領略麤舉，一往參詣，由是知之。

竺法深在簡文坐，劉尹問：「道人何以游朱門？」答曰：「君自見其朱門，貧道如游蓬戶。」

于法開始與支公爭名，後精漸歸支，意甚不分，遂遁跡剡下，遣弟子出都，語使過會稽。于時支公正講《小品》，開戒弟子道：「林講比汝至，當在某品中」，因示語攻難數十番，云：「舊此中不可復通」。弟子如言詣支公，正值講，因謹述開意，往反多時，林公遂屈，厲聲曰：「君何足復受人寄載來」。

康僧淵的遇殷淵源而知名，竺法深的好遊朱門，于法開的與支道林爭名，這些都是清談名士的作風。由於當代的和尚都為這一風氣所染，雖然他們神采秀逸，名高一時，但對於佛學，除了譯經、注經之外，並沒有重要的貢獻。就拿當時最為名士推重的支道林來說，他雖然出家為僧，但養馬放鶴，優遊山水，以文翰冠世，與名士周旋，孫興公把他比之於向秀，說：「支遁向秀，雅尚莊老，二人異時，風好玄同矣！」（孫興公〈道賢論〉），王該稱他：「支子特秀，領握玄標，大業沖粹，神風清蕭」（《弘明集》王該〈日燭〉）。大家似乎都把他當作名士看待。至於他自己的得意傑作，也只是有關《莊子》的〈逍遙論〉，所以他實際上可說是一個清談家。

雖然他們的清談，有時好像禪學的公案，也頗有禪味，如：

> 僧意在瓦官寺中，王苟子來，與共語，便使其唱理，意謂王曰：「聖人有情不？」王曰：「無。」重問曰：「聖人如柱邪？」王曰：「如籌算，雖無情，運之者有情」，僧意云：「誰運聖人邪？」苟子不得答而去。（《世說新語．文學第四》）

但這畢竟限於清談，只是在語言思辯上用工夫，以楔去楔，仍然落於邊見，並沒有入道。

在這些玄論清談的名僧中，真正能融老莊、般若於一爐，既有玄學的風雅，又不失佛學的正旨，且有不朽的著作流傳於世的，恐怕要推僧肇為第一人了。

僧肇是鳩摩羅什的大弟子，他在未遇羅什前，已通老莊，後來又隨羅什精研三論、《維摩》、《般若》各經，由於他天資敏悟，別有會心，再加以才情橫溢，所以能用極優美的文字，寫極艱深的佛理。

他的四篇論文是，〈物不遷論〉、〈不真空論〉、〈般若無知論〉、〈涅槃無名論〉。

在這四篇論文中，僧肇不僅到處運用老莊的名詞，如「無有」、「無為」、「無知」、「無名」、「無言」、「虛心」、「常靜」、「谷神」、「化母」、「自然」、「抱一」、「希夷」、「絕智」

（以上皆採自〈涅槃無名論〉），而且到處引用老莊的思想，如：

夫渾元剖判，萬有參分，有既有矣，不得不無，無自不無，必因於有，所以高下相傾，有無相生，此乃自然之數，數極於是。（〈涅槃無名論〉）

然則玄道在於妙悟，妙悟在於即真，即真則有無齊觀，齊觀則彼已莫二，所以天地與我同根，萬物與我一體。（〈涅槃無名論〉）

事實上，僧肇整個思想的間架，即是以老子的有無相生，配合莊子的物我同體，來說明般若的動靜合一，體用一如。

在當時，般若的思想，為玄學所迷，而落於虛無。僧肇在〈不真空論〉中，便批評心無、即色、本無等三家說：

心無者，無心於萬物。萬物未嘗無，此得在於神靜，失在於物虛。即色者，明色不自色，故雖色而非色也。夫言色者，但當色即色，豈待色色而後為色哉，此直語色不自色，未領色之非色也。本無者，情尚於無，多觸言以賓無，故非有，有即無；非無，無亦無。尋夫立文之本旨者，直以非有，非真有，非無，非真無耳。何必非有無此有，非無，無彼無，此直好無之談，豈謂順通事實，即物之情哉！（〈不真空論〉）

心無宗是支愍度、竺法溫、道恆等人的思想，主張萬物實有，只求心不執著。即色宗是支道林的思想，主張色無自性，因緣而有。本無宗是道安、竺法汰等人的思想，主張諸法本來無，萬物由無生。這三派學說都是把本體和現象分成兩截，以本體為真無（本無宗），現象為實有（心無宗），或幻有（即色宗），而硬要去求通，所以仍然落於有無的邊見。至於僧肇的看法卻不同，他把現象和本體打成一片，現象透處即本體，本體顯處即現象，就現象看，是不離有無，但就本體看，又不落有無，所以他說：

處有不有，居無不無。居無不無，故不無於無。處有不有，故不有於有。故能不出有無，而不在有無者也。（〈涅槃無名論〉）

然而僧肇究竟以何等的手法，把現象和本體打成一片呢？他所寫的四論，便是四種法門：

## ㈠物不遷

在〈物不遷論〉中，僧肇舉這個視之有形，敲之有聲，摸之有體的物為例。對於一般人來說，這個物是因緣假合，瞬息生滅的，即使當前為實有，但也只是尚未消滅而已，所以仍然是無常的。至於僧肇的看法卻不同，他說：

傷夫人情之惑也久矣！目對真而莫覺，既知往物而不來，而謂今物而可往，往物既不來，今物何所往？何則？求向物於向，於向未嘗無，責向物於今，於今未嘗有。於今未嘗有，以明物不來，於向未嘗無，故知物不去。覆而求今，今亦不往，是謂昔物自在昔，不從今以至昔，今物自在今，不從昔以至今。（〈物不遷論〉）

在僧肇眼中，這個大千世界正像一部電影，它的底片都是一張張固定的形體，而其所以有動作變化，乃是經過時間的流動，在人們心中所造成的連鎖作用。同理，在宇宙中的任何一物，雖然都有成住異滅的過程，但這只是人們戴著「無常」的眼鏡去看萬象。其實就物體本身來說，它在某一剎那的存在，卻是永恆不變的。僧肇看透了這點，因此他說：

> 必求靜於諸動，故雖動而常靜；不釋動以求靜，故雖靜而不離動。〈物不遷論〉

唯其如此，所以

> 旋嵐偃嶽而常靜，江河競注而不流，野馬（註：語出《莊子》，指生物之氣息也）飄鼓而不動，日月歷天而不周。〈物不遷論〉

在這裡可以看出僧肇手法的高明，他非但沒有捨棄變化去談本體，相反的，卻是就變化處去證入本體。同是一條河流，一面是水勢滔滔，沒有一刻靜止；一面又是千古如斯，未曾有一刻變動。僧肇便在這變與不變之間，就地一轉，把這個無常的物，轉入了永恆的常流。

## (二)心不滯

然而依照僧肇所說，物如果真是不遷的話，那麼這個物豈非又成了當途之障？對於這一問題，他在〈不真空論〉中，曾三次強調說：「即萬物之自虛」。他認為一般人看到物，便好像遇見仇敵似的，感覺周身不安。有些人（心無宗），背轉身說：「不理它」。有些人（即色宗），閉著眼說：「不是它」。有些人（本無宗），大聲喊說：「除掉它」。這就同把自己的影子誤為鬼魂，逃得愈快，跟得也愈緊。其實，如果我們靜下心來，仔細的看一看，便將發現物性自虛，作祟的還是自己。所以他說：

是以聖人乘真心而理順，則無滯而不通；審一氣以觀化，故能所遇而順適。無滯而不通，故能混雜致淳；所遇而順適，故則觸物而一。如此，則萬象雖殊，而不能自異；不能自異，故知象非真象，象非真象，故雖象而非象。（〈不真空論〉）

在這裡，僧肇已把這個一般人認為銅牆鐵壁似的物，分解得絲毫不存。他的方法，顯然和心無、即色、本無等三宗的逃避問題不同，而是真刀真槍的，用真心去即物。只要我們把握住這個真心，使它不「觸途為滯」，不著於有無，那麼無論這個物不去不來，都將還歸自虛，不再是我們的障礙了。這正同莊子所說的庖丁解牛，只要技進乎道，神與理會，以無厚入於無間，便所見而非全牛。同樣，以不滯之真心，入於不遷之物如，自然是「無滯而不通」，「所遇而順適」了。

## ㈢智無知

不過僧肇所謂的真心，不是指那個能思慮，能辨析的生滅心。因為思慮和辨析，都是屬於意識情態，都是隨著外境而轉，落於有無的邊見，因此都是假而不真的。至於真心卻不然，它之所以能不滯，所以能即物自虛，並非用知用慮去解析萬物，相反的，而是捨知捨慮去體合萬物。僧肇在〈般若無知論〉中，曾說：

是以聖人虛其心而實其照，終日知而未嘗知也。故能默耀韜光，虛心玄鑒，閉智塞聰，而獨覺冥冥者矣！然則智有窮幽之鑒，而無知焉；神有應會之用，而無慮焉。神無慮，故能獨王於世表，智無知，故能玄照於事外。智雖事外，未始無事，神雖世表（註：即莊子「獨與天地精神往來」，明神之超然物外），終日域中（註：即莊子「與世俗處」）。所以俯仰順化，應接無應，無幽不察，而無照功，斯則無知之所知，聖神之所會也。

僧肇這段話，和莊子「至人之用心若鏡，不將不迎，應而不藏，故能勝物而不傷」的說法相同。他把這個真心的作用比作一面明鏡。這面鏡子本身一無所知，一無所有，既不追逐於外物，也不留影於內心，但它卻沒有一刻空過，因為胡來胡現、漢來漢現，它隨時隨地都含攝著萬物，返照著萬物。

在這裡我們可以看出僧肇把現象和本體打成一片後，所造成的便是這面智慧之鏡。這面鏡子，自其無知無慮來說，它是揚棄了現象界的分別心。而自其知無不照、神無不會來說，它已證入了窮神知化的玄妙境界。

## ㈣道無為

這一玄妙的境界，就是印度佛學上所謂的涅槃。依照當時中文的意譯，一作無為，一作滅度。無為是「取乎虛無寂寞，妙絕於有為」。這是當時所流行的見解；滅度是「言其大患永滅，超度四流（註：見、欲、有、無明等四流）」（〈涅槃無名論〉），這是印度小乘佛學的思想。至於僧肇所說的涅槃，雖然兼容這兩者，但卻是以老莊思想為本，在他眼中的涅槃，幾乎等於老莊的道。以作用來論，是無為而無不為的，他說：

無為，故雖動而常寂，無所不為，故雖寂而常動。雖寂而常動，故物莫能一；雖動而常寂，故物莫能二。物莫能二，故愈動愈寂，物莫能一，故愈寂愈動。（〈涅槃無名論〉）

以道體來論，是物我冥一的，他說：

然則法無有無之相，聖無有無之知；聖無有無之知，則無心於內，法無有無之相，則無數於外。於外無數，於內無心，彼此寂滅，物我冥一，怕爾無朕，乃曰涅槃。（〈涅槃無名論〉）

這個涅槃到了僧肇手中，已不再如小乘佛學所說，是死寂的、斷滅的，相反的，卻是一種動靜合一，體用一如的妙道。能夠進入這種妙道的，便是至人，便是聖人。在這裡我們將發現僧肇雖然是一位佛家，他不得不運用佛學的名詞，如涅槃。但他這篇〈涅槃無名論〉，從頭到尾都充滿了老莊的思想，他所追求的最高理境，事實上，仍然離不了老莊的常道。

我們從僧肇的四論中，可以看出他的確已用老莊的鑰匙，打開般若的大門，看到了禪道的寶藏。如物不遷已觸及現象的永恆性，心不滯已為「無所住而生其心」的思想開路，至於智無知，道無為，更發揮了「言語道斷，心行處滅」的精神。

最後，我們綜合前面所說的，可以得到兩個結論，就是：

1. 印度最早傳入中國的是禪法，它的深度只能和中國的方術同一層次，後來由於道家的覺醒，才使玄學擺脫了方術，般若代替了禪法，所以早在這個時期的道家思想，已有捨棄印度禪的趨勢。

2. 由於僧肇的努力，使老莊思想和大乘佛學水乳交融，結成一體。此後，老莊思想便是透過了這方面，去影響禪學的。譬如石頭希遷就是因讀肇論而悟道，寫下了不朽的〈參同契〉。

從這兩點看來，中國禪學的源頭應該從這裡說起。

# 第四章　禪學形成的兩條路線

現在，我們該向僧肇等人揮手道別，由於他們的引導，使我們看見了遙遠的山邊，隱約著禪學的桃花源。不過桃源雖美，並非一步可幾，其間還隔著一片南北朝佛學的桃花林。林中，的確稱得上「芳草鮮美，落英繽紛」，我們要想進入唐代禪學的桃源，還必須在這片爛漫的桃花林中，尋覓徯徑。

依據筆者的探尋，通向唐代禪學的途徑有二：一條是達磨所開闢的，這條路線雖為後代禪師所公認，卻很狹窄，而且疑霧甚多。另一條是道生所開闢的，這條路線雖然相當寬大，卻為前人所忽略，因而亟須開發。現在就讓我們在這兩條路線上探測一番。

# 一、達磨的路線

達磨在中國禪學史上，是被公認為舉足輕重的人物，因為依照一般的說法，他是印度禪宗的二十八祖，中國禪宗的初祖；所以後來的和尚向禪師請教佛法大義時，都依樣葫蘆的問一句：「祖師西來意」。

在這裡，我們也有一問，就是達磨西來前，在印度究竟所學的是什麼禪？西來後，在中國所傳的又是什麼禪？

關於達磨在印度的事蹟非常隱晦，他之被尊為二十八祖，乃是唐代的事。因為神會和尚為了爭道統，而把六世紀尚存在的菩提達磨，誤作五世紀的達摩多羅（註：見胡適〈荷澤大師神會傳〉一文）。達摩多羅是慧遠所譯禪經的作者，也是印度禪燈的承持者，所以這個無意的誤會，便有意的把達磨捲入了印度禪法的系統。

至於達磨和印度禪的關係究竟如何？由於史料的缺乏，我們不得而知。但據道宣在《續高僧傳》中所記載：

菩提達磨，南天竺婆羅門種，神慧疏朗，聞皆曉悟。志存大乘，冥心虛寂，通微徹數，定學高之。悲此邊隅，以法相導。初達宋境南越，末又北度至魏，隨其所止，誨以禪教，於時合國盛宏講授，乍聞定法，多生譏謗。（《續高僧傳》卷十九）

從這段記載中，可以看出達磨在印度所學的是大乘思想，而且以禪定之學著稱。不過他的禪定之學，顯然與魏晉流行的禪法不同，否則當他在中國傳法時，大家便不會「乍聞定法，多生譏謗」了。

在當時流行的禪法，主要的，有數息持心的安般守意法門、見白骨死屍的不淨觀法門，以及締觀佛像的念佛法門。這些都是印度傳統的禪法。至於達磨的禪定卻比較特殊，乃是一種壁觀的安心法門。他把這種壁觀的法門，分為「理入」和「行入」兩方面，所謂「理入」就是：

藉教悟宗（註：由教理以悟佛法），深信含生同一真性，客塵（註：外物也）障故，令捨偽歸真，凝住壁觀，無自無他，凡聖等一，堅住不移，不隨他教，與道冥符，寂然無為，名理入也。（《續高僧傳》卷十九）

這種從「理入」去安心的路，就是要我們徹悟眾生都有佛性，不落人我之見，使心如牆壁，屏息諸緣，而證入無為的實相。在這裡可見達磨的思想，已超出了一般講究方法的禪觀，而進入《楞伽經》所謂「無門為法門」的大乘性空的境界了。

所謂「行入」，又分四種，就是：

初，報怨行者，修道苦至，當念往劫捨本逐末，多起愛憎。今雖無犯，是我宿作（註：前世所作之業報），甘心受之，都無怨訴。經云：逢苦不憂，識達故也。此心生時，與道無違，體怨進道故也。

二，隨緣行者，眾生無我，苦樂隨緣，縱得榮譽等事，宿因所構，今方得之，緣盡還無，何喜之有，得失隨緣，心無增減，違順風靜，冥順於法也。

三，名無所求行，世人長迷，處處貪著，名之為求。道士悟真，理與俗反，安心無為，形隨運轉。三界皆苦，誰而得安？經曰：有求皆苦，無求乃樂也。

四，名稱法行，即性淨之理也。（以上皆出《續高僧傳》卷十九）（又淨覺《楞伽師資記》說第四條較詳：性淨之理，因之為法。此理眾相斯空，無染無著，無此無彼，經云：法無眾生，離眾生垢故。法無有我，離我垢故。智者若能信解此理，應當稱法而行……為除妄想，修行六度（註：即布施、持戒、忍辱、精進、禪定、智慧）而無所行，是謂稱法行。）

這種從「行入」去安心的路，就是要我們逢苦不憂，處之泰然；遇樂不喜，順其自然；無為無求，不貪不執，乘法而行，以返於本來清淨之自性。這種樂天安命，逆來順受的功夫，乃是達磨一派實踐頭陀行的基礎。它是和「理入」相輔而行，共同去達到真如的境界。

達磨這種壁觀的安心法門，由於和印度傳統佛法，及初入中國的禪法不同，因而有人懷疑它的「語氣似婆羅門外道，又似《奧義書》中所說」（湯用彤語）；有人認為它是佛教在南天竺和錫蘭，與外道教義結合的產物（胡適語）。其實這些對達磨思想本身來說，都是無關宏旨的假設，因為佛學流傳到達磨的時代，已有一千餘年的歷史，其間必然的有許多曲折變化。這正同儒家思想不用說到了隋唐以後，就是在戰國時期，便有孟荀的差別；甚至孔子思想本身，也兼有恬淡無為的道家色彩。所以任何一個學派，在源頭上都避免不了與同時其他各派有相通之處，在發展中也很自然的注入了後繼者自己獨創的見解與方法。同理，達磨思想之所以有這種特殊的色彩，我們與其懷疑他的身分，以為他出於佛學以外的其他各派，或者是佛學與外道的混血兒，還不如承認他對傳統佛學有一種綜合的創造能力。

就憑著這種能力，使他以大乘性空的「理入」，配合了苦修頭陀的「行入」，而成就了一種特殊的禪定，即是壁觀的安心法門，也由於這種禪定的特殊色彩，使他成為中印思想的關鍵人物，而被後代的中國禪宗奉為祖師。

可是問題到這裡仍然令人頗為費解，因為在達磨以前來中國傳法的禪師有如過江之鯽，精通小乘禪的安世高、康僧會等人不談，就是宣揚大乘禪的，像支讖，支謙，覺賢，竺法護，竺法蘭，鳩摩羅什，曇摩密多，佛陀扇多等人，都以禪法著稱，徒眾數百。為什麼這些人物都與禪宗無關，而偏偏要抬出達磨來當祖師呢？

如果依照胡適在〈楞伽宗考〉一文中所說，認為：

菩提達摩教人持習《楞伽經》，傳授一種堅忍苦行的禪法，就開創了楞伽宗，又稱為「南天竺一乘宗」。達摩死後二百年中，這個宗派大行於中國，在八世紀的初年成為一時最有權威的宗派。那時候，許多依草附木的習禪和尚都紛紛自認為菩提達摩的派下子孫。……還有嶺南，韶州，曹侯溪的慧能和尚，他本是從《金剛般若經》出來的，也和楞伽一派沒有很深的關係，至多他不過是曾做過楞伽宗，弘忍的弟子罷了。但是慧能的弟子神會替他的老師爭道統，不惜造作種種無稽的神話，說慧能是菩提達摩的第四代弘忍的「傳衣得法」弟子。於是這一位金剛般若的信徒也就變成楞伽的嫡派了。後來時勢大變遷，神會捏造出來的道統偽史居然成了信史，曹溪一派竟篡取了楞伽宗的正統地位。從此以後習禪和尚又都紛紛攀龍附鳳，自稱為曹溪嫡派，一千多年以來的史家竟完全不知道當年有個楞伽宗了。

（《胡適文存》四集卷二）

的確，達磨以楞伽印心，是事實；慧能從《金剛經》以悟道，是事實；神會替老師爭道統，也是事實。不過問題並非如此簡單，這些事實之所以產生了關連，達磨的楞伽宗之所以被慧能的金剛派取代，神會編造的道統史之所以被後代禪宗當作信史，絕不是毫無理由的。而這個理由也不是神會所能捏造的，因為在達磨的思想中，早已潛伏了以後發展的線索。關於這條線索，我們可從兩方面來探討：

## (一)達磨的教義與老莊思想共鳴

自魏晉以來，佛學與老莊的結合是思想的主流，這條主流便是通向禪學的大路。不過當時在這條路上斬荊劈棘的，都是中國的和尚，都是偏重於玄理。而達磨卻以一個外來的和尚，在實際修證中，和老莊的人生態度不謀而合。因此使佛學與老莊的相融，更推進了一步，由「理」而及於「行」。

達磨的「四行」中，報怨行與隨緣行，類似莊子「得者時也，失者順也」的思想；無所求行與稱法行，類似老子無為不爭，復歸於樸的思想。依照老莊對人生的看法，始終認為「物不勝天久矣」，一切都有天命的安排，我們處世，只有「知其不可奈何，而安之若命」（《莊子・人間世》），只有「見素抱樸，少私寡欲」（《老子》十九章），才能知足常樂，逍遙而遊。達磨在「行入」中所表現的人生態度正是如此。他對於人世的一切苦樂，並不須動刀動斧，宰割以求通。而是從這個心中涵養出一種特殊的定力，使心像峭壁一樣高聳，不被外緣所擾，不為八風（註：利、衰、毀、譽、稱、譏、苦、樂）所動。由於這種態度近乎自然派的思想，所以他開創的楞伽宗便與老莊思想產生了密切的關係。如二祖慧可在未出家以前，根本是一個道家人物，《續高僧傳》說他：「外覽墳素，內通藏典，末懷其道京輦，默觀時尚，獨蘊大照，解悟絕群」（《續高僧傳》卷十九），《景德傳燈錄》說他：「博涉詩書，尤精玄理，而不事家產，好遊山水，後覽佛書，超然自得。」（《景德傳燈錄》卷三）他在寫給當時精通老莊的向居士的信中曾說：

> 說此真法皆如實，與真幽理竟不殊，本迷摩尼（註：光明之珠）謂瓦礫，豁然自覺是真珠，無明智慧等無異，當知萬法即皆如。愍此二見之徒輩，申詞措筆作斯書，觀身與佛不差別，何須更覓彼無餘。（《續高僧傳》卷十九）

這種「無明智慧等無異」、「觀身與佛不差別」的思想，固然是達磨「無自無他，凡聖等一」教義的發揮，但也正是莊子「兩忘而化其道」（《莊子．大宗師》），「天地與我並生，萬物與我為一」（《莊子．齊物論》）的境界。接著三祖僧璨雖然身世不明，《續高僧傳》沒有為他立傳，只是在〈法沖傳〉中附了「可禪師後，粲禪師」一句話；但相傳他所寫的〈信心銘〉中，卻到處閃爍著老莊的智慧，如：

大道體寬，無易無難，小見狐疑，轉急轉遲，執之失度，必入邪路。放之自然，體無去住，任性合道，逍遙絕惱。

夢幻空花，何勞把捉，得失是非，一時放卻。眼若不寐，諸夢自除。心若不異，萬物一如；一如體玄，兀爾忘緣；萬物齊觀，歸復自然。

這種「任性合道，逍遙絕惱」，「萬物齊觀，歸復自然」的境界，可說已經完全把達磨的教義融入老莊思想中了。

## (二)《楞伽經》中已有禪學思想的種子

一般來說，禪學的兩大教條是「頓悟成佛」，「不立文字」。這兩點固然是慧能以後的禪宗所特別強調，但在《楞伽經》中卻早已提出這些問題。

《楞伽經》中曾記載大慧問佛：「云何淨除一切眾生自心現流？為頓為漸耶？」佛回答大慧說：

> 漸淨非頓，如菴羅果，漸熟非頓；如來淨除一切眾生自心現流，亦復如是，漸淨非頓。譬如陶家造作諸器，漸成非頓，如來淨除一切眾生自心現流，亦復如是，漸淨非頓。譬如大地漸生萬物，非頓生也，如來淨除一切眾生自心現流，亦復如是，漸淨非頓。譬如人學音樂書畫種伎術，漸成非頓，如來淨除一切眾生自心現流，亦復如是，漸成非頓。（《楞伽經》卷一）

胡適在〈楞伽宗考〉裡只引證了這段話便說：

> 這是很明顯的漸法，楞伽宗的達摩不廢壁觀，直到神秀也還要「慧念以息想，極力以攝心」，這都是漸修的禪學。懂得楞伽一宗的漸義，我們方才能夠明白慧能，神會以下的「頓悟」教義，當然不是楞伽宗的原意，當然是一大革命。（《胡適文存》四集卷二）

在這裡，胡適似乎犯了偏舉的毛病，因為接著「漸淨非頓」後，佛又告訴大慧說：

> 譬如明鏡，頓現一切無相色像，如來淨除一切眾生自心現流，亦復如是，頓現無

相，無有所有清淨境界。如日月輪，頓照顯示一切色像，如來為離自心現習氣過患眾生，亦復如是，頓為顯示不思議智最勝境界。譬如藏識（註：又名阿賴耶識，包括心物之一切種子），頓分別知自心現，及身安立受用境界，彼諸依佛，亦復如是，頓熟眾生所處境界。以修行者，安處於彼色究竟天。譬如法佛所作依佛，光明照耀，自覺聖趣，亦復如是，彼於法相有性無性，惡見妄想，照令除滅。（《楞伽經》卷一）

這明明是寫的頓法，卻被胡適一手所抹煞了。事實上，《楞伽經》是一部專門以哲學方法討論許多佛學問題的經典，它的態度是綜合性的，是非常客觀的，所以它一面主張漸修，一面也強調頓悟。雖然以全部內容來看，《楞伽經》是屬於漸修的，因此我們說楞伽宗偏於漸修，也未嘗不可。但卻不能完全忽略了有關頓悟的那段話，因為這是一顆禪學的種子，雖然在楞伽宗上沒有產生太大的作用，可是在慧能以後，卻開了花，結了果。

至於「不立文字」的教義，在《楞伽經》中也有明白的記載：

大慧，一切言說，墮於文字，義則不墮，離性非性故，無受生，亦無身。大慧，

> 如來不說墮文字法，文字有無，不可得故，除不墮文字。大慧，若有說言，如來說墮文字法者，此則妄說，法離文字故。是故大慧，我等諸佛及諸菩薩，不說一字，不答一字，所以者何，法離文字故，非不饒益義說，言說者，眾生妄想故。大慧，若不說一切法者，教法則壞，教法壞者，則無諸佛菩薩緣覺聲聞，若無者，誰說為誰，是故大慧，菩薩摩訶薩，莫著言說，隨宜方便，廣說經法，以眾生希望煩惱不一故，我及諸佛，為彼種種異解眾生，而說諸法，令離心意意識故，不為得自覺聖智處。（《楞伽經》卷四）

雖然《楞伽經》中仍因襲著「一百八義」的煩瑣思想；雖然依慧可的懸記，認為：「此經四世之後，變成名相，一何可悲」（《續高僧傳》卷十九）；雖然楞伽宗到後來也走入講說註疏的舊路。但這些都不能掩蓋了《楞伽經》中有關「不立文字」的教義。如果我們把上面這段話，與慧能在《壇經》中所說「不立文字」的意思比較的話，我們便有足夠的理由相信；慧能的思想也是受到《楞伽經》的影響。因為他和《楞伽經》一樣，把「不立」，解作「不依」、「不著」，而沒有拋棄經書的意思。所以單就「不立文字」這一點來論，我們與其說是慧能革了達磨的命，還不如說是宋代許多偏激的禪師歪曲了慧能的思想。

由於以上兩種原因，可見達磨之被後代禪宗所推崇，絕不是神會一手捏造的。儘管其間不免有許多過分誇張，或歪曲事實的地方；但從達磨到慧能，從宗奉《楞伽經》的「北宗」到宗奉《金剛經》的「南宗」之間，仍然有一條只可容足的羊腸小徑。

不過這條羊腸小徑，正如禪宗所謂的「一脈單傳」，實在太狹小，太難走了。試看他們傳法的故事，自慧可傳給僧璨，《續高僧傳》只在〈法沖傳〉中記載了「可禪師後，粲禪師」一句話。自僧璨傳給道信，《續高僧傳》中卻根本沒有記載，只有依靠〈道信傳〉中：「又有二僧，莫知何來，入舒州皖公山靜修禪業，（信）聞而往赴，便蒙授法」（《續高僧傳》卷二十六）的這段話，推測其中必有一僧是道信。至於在思想方面，道信和弘忍都沒有著作流傳，除了一些懸記和單傳的故事外，也沒有代表其思想精神的語錄。這在通向禪學的路途上，無異是一段峭壁。所以達磨的路線，雖然是被公認的道統，但卻並不寬大。這正同古人科學工具不發達，常常在羊腸小徑中摸索，而今人卻可以憑藉飛機的高空探測，作全盤的觀察。發現羊腸小徑並非唯一的路，就在小徑旁邊，還有一條大路，只要把路上一二處障礙掃通，便可直達目的。這條大路，就是以中國佛學為主的道生路線。

## 二、道生的路線

在這條路線上，我們所以選道生為第一人，乃是因為從魏晉以來，般若和玄學的結合，到僧肇手中，已發展至登峰造極的境地。此後緊接著印度佛教的玄學化，必然會脫胎換骨，而有純粹中國佛學的產生。但在中國佛學脫胎換骨之際，由於中印文化背景，思維方式的不同，也必然的會發生磨擦。這種磨擦可以說是中國佛學掙脫印度的樊籬，另謀發展的一種挑戰，而道生便是吹起第一聲號角的先鋒。

道生在這條路線上的貢獻，可以歸納為三點：

### ㈠集當代佛學的大成

一個人要想真正能擺脫某種他所屬的傳統學說的束縛，而另創新思想的話；他必須先對這種傳統的學說有深切的了解，全盤的認識。由融會，而批評，而創造。道生便是具備了這一條件的人物。

據《高僧傳》的記載，說他：

後值沙門竺法汰，遂改俗歸依，伏膺受業。既踐法門，儁思奇拔，研味句義，即自開解。故年在志學，便登講座，吐納問辯，辭清珠玉，雖宿望學僧，當世名士，皆慮挫詞窮，莫敢詶抗。年至具戒，器鑒日深，性度機警，神氣清穆。初入廬山，幽棲七年，以求其志，常以入道之要，慧解為本，故鑽仰群經，斟酌雜論，萬里隨法，不憚疲苦。後與慧叡、慧嚴，同遊長安，從什公受業，關中僧眾，咸感神悟。（《高僧傳》卷七）

在這段記載中，雖然看不出他和老莊思想有什麼明確的關係，但他初期的老師法汰，是道安的朋友，也能「含吐蘊藉，辭若蘭芳」（《高僧傳》卷五），他的同學曇壹、曇貳也是「並博練經義，又善《老》《易》，風流趣好，與慧遠齊名」（《高僧傳》卷五），而他自己更是「辭清珠玉」，使當世名士折服。由此可見他在早期跟法汰學般若，又喜歡和名士辯答，仍然徘徊在般若和玄學之間。

大致在道生以前的佛學有兩派，一是安世高所傳的小乘禪經；一是鳩摩羅什所弘的大乘佛學，而道生對這兩方面都有師承。據道生誄文中說他：

> 中年遊學，廣搜異聞。自揚徂秦，登廬躡霍，羅什大乘之趣，提婆小道之要，咸暢斯旨，究舉其奧。（《廣弘明集》）

道生去廬山時，正是僧伽提婆受慧遠之邀，在廬山講解禪經，並譯《阿毘曇心》。所以道生和慧遠共事提婆，學習小乘思想，後來慧遠在廬山注重禪法而修淨土。由此，道生和當代禪法的關係，也可想而知了。

後來道生又到長安去做鳩摩羅什的門生，遍學大乘各種經典。尤其對羅什所譯的《維摩經》和《法華經》最有心得，而替這兩部經典各作了一部義疏。《法華經》是天台宗的根據，《維摩經》卻影響了後代的禪宗。今天有關道生的著作大半散佚，賴以了解道生思想的，只有靠這兩部義疏了。

在羅什門下時，道生便和僧肇相交甚善。道生曾把僧肇的〈般若無知論〉拿去給劉遺民看；而僧肇在寫給劉遺民的覆信中，也表示他們「言語之際，常相稱詠」。最重要的是他們各注《維摩經》。《高僧傳》說：

初，關中僧肇始注《維摩》，世咸玩味。生乃更發深旨，顯暢新典，及諸經義疏，世皆寶焉。（《高僧傳》卷七）

由此可見他們思想的近似了。僧肇不幸短命（註：死時三十一歲），而他多活了二十年（註：僧肇死於西元四一四年，道生死於西元四三四年），所以他能繼僧肇之後，而有更高的表現。就在這多活的二十年中，他見到了僧肇所見不到的東西，就是《大般涅槃經》的傳入。這部經典不僅印證了他的思想，使他越出了般若的範圍，成為涅槃之聖；而且也轉變了魏晉以後的整個思想趨勢。使般若的真空，變為涅槃的妙有。至於道生則先學般若，後得涅槃，真空妙有，契合無間，自然不同於僧肇，而成為集當代佛學大成的人物了。

## ㈡創中國佛學的新境

道生雖然集當代佛學的大成，但他絕不是一個墨守經義，替前人作註解的和尚，他有中國文化的涵養，他有自己獨立的思想。他把所承受的印度佛學拿來當柴燒，以鑄鍊堅固的中國佛學。為了這一點，使他遭受當時一般和尚的嫉妒和排斥，《高僧傳》中曾寫出了他的這段經過：

> 六卷《泥洹》（註：即《涅槃》）先至京都，生剖析經理，洞入幽微，乃說一闡提人皆得成佛。於是大本未傳，孤明先發，獨見忤眾，於是舊學以為邪說，譏憤滋甚，遂顯大眾，擯而遣之。……後《涅槃》大本至於南京，果稱闡提悉有佛性，與前所說，合若符契。（《高僧傳》卷七）

所謂「闡提」是指惡根難斷，不能成佛的人，這在當時的所有經典中，都如此的肯定。可是道生為什麼敢違背經義，不顧眾議，斷然的認為「一闡提人皆得成佛」呢？這並非他真有神通，看見了尚未傳入的《大般涅槃經》中，早已有這種說法，而是由於他透過了中國思想的境界，知道如果佛學真有大乘精神的話，必然會有這樣的結論。

然而單單說了「一闡提人皆得成佛」這句話，即使和當時的經義有點不同，又何至於惹得群情「譏憤滋甚」、「擯而遣之」呢？顯然問題並非如此簡單，這件事情只是一個導火線而已。據《高僧傳》說他：

校閱真俗，研思因果，迺言善不受報，頓悟成佛。又著〈二諦論〉、〈佛性當有論〉、〈法身無色論〉、〈佛無淨土論〉、〈應有緣論〉等，籠罩舊說，妙有淵旨，而守文之徒，多生嫌嫉，與奪之聲，紛然競起。（《高僧傳》卷七）

他所寫的這些論文，雖然現在都已散佚，我們無法考證其內容；但從名稱上看來，都是對傳統的印度佛學具有挑戰性的文章，又豈止是「籠罩舊說」而已。在他以前的佛學著作中，除了僧肇的四論，還帶有一點銳敏的新見解外，根本沒有第二人，像他一樣，敢用這些充滿了刺激性的名詞。

道生之所以如此，並非由於他的個性剛烈，喜露鋒芒；而是因為他的血液裡沸騰著中國佛學的思想，使他不得不和傳統的印度佛學發生了磨擦。他的這些論文，便是磨擦時所放的光，所發的熱。也就是象徵著中國的佛學將要像山雨欲來時的那一陣雷聲和閃電。

## (三)開後代禪學的先聲

道生思想與傳統佛學最大的不同，與當代佛家最大的爭執，就在頓悟成佛之說；而這一說法，也正是揭開此後數百年禪學大盛的先聲。

在道生以前，頓漸兩字本常見於經論。如《楞伽經》中便有大慧問佛「為頓為漸」的話，祐錄釋慧遠作〈修行方便經統序〉中，也提到達磨多羅與佛大先弘教的不同，在於頓漸的差別。至於中國和尚討論到頓漸問題的，據劉虬在〈無量義經序〉中所說，認為以支道林和道安為最早。後來慧達在《肇論疏》中，又有大小頓悟之分。把支道林、道安、慧遠、埵法師，及僧肇等人歸入小頓悟，而以道生為大頓悟。其實在道生以前的這些頓悟學說，都是猶有階梯，不夠究竟的，如慧達《肇論疏》說：

> 小頓悟者，支道琳師云，七地始見無生。彌天釋道安師云，大乘初無漏慧，稱摩訶般若，即是七地。遠師云，二乘未得無有（註：疑是生字），始於七地，方能得也。埵法師云，三界諸結，七地初得無生，一時頓斷，為菩薩見諦也。肇法師亦

同小頓悟義。

這裡所指的「七地」，是指成就大乘菩薩的十個階段（註：即十地，也稱十住）中的第七個階段。支道林等認為達到「七地」後，雖功行未滿，但道慧已足，自能悟其全面。這種說法顯然是有漏洞的，因為在「七地」上頓悟後，那麼剩下的三地，究竟是靠修，還是靠悟呢？如果靠修，豈非頓悟之後，階梯仍然存在。如果靠悟，則剩下的三地根本是多餘的，豈非引用經文，又違背了經義嗎！所以支道林等的頓悟，實際上仍然是囿於漸修。最多只是一種漸悟而已。

至於道生論頓悟的文字，現已散佚。據慧達《肇論疏》中曾引述他的思想說：

竺道生法師大頓悟云：夫稱頓者，明理不可分，悟語極照。以不二之悟，符不分之理。理智恚？（註：此字不明）釋，謂之頓悟。見解名悟，聞解名信。信解非真，悟發信謝。理數自然，如菓就自零。悟不自生，必藉信漸。用信偽（註：此字疑有誤）惑，悟以斷結。悟境停照，信成萬品，故十地四果，蓋是聖人提理令（註：本為今字）近，使夫（註：疑有脫誤）者自強不息（註：本為見字）。

道生雖然也不廢漸修，認為「悟不自生，必藉信漸」；但他卻把悟和信分得很清楚，「見解名悟，聞解名信」，見解即是直接的自證，聞解便是間接的知識。在悟道以前，固然需要聞解的幫助，可是在入道之時，卻能活潑潑的自見自證。所以頓悟是不二的法門，必須掃盡一切階梯，才能豁然洞達。

道生這種思想不是由研讀印度的經典得來，而是別有會心之處，《高僧傳》曾寫下他的悟道因緣：

> 生既潛思日久，徹悟言外，迺喟然歎曰：「夫象以盡意，得意則象忘，言以詮理，入理則言息；自經典東流，譯人重阻，多守滯文，鮮見圓義；若忘筌取魚，始可與言道矣。」於是校閱真俗，研思因果，迺言善不受報，頓悟成佛。《高僧傳》卷七）

這會心之處，似乎在莊子思想中可以找到了共鳴。

> 筌者所以在魚，得魚而忘筌；蹄者所以在兔，得兔而忘蹄；言者所以在意，得意

而忘言。吾安得忘言之人而與之言哉！（《莊子・外物》）

莊子的慨歎，總算在七百年後，找到了一位難得的知音——道生。因為道生的思想中，到處充滿了老莊的色彩，如：

真理自然。（《涅槃集解》卷一）

反迷歸極，歸極得本。（《涅槃集解》卷一）

至像無形，至音無聲，希微絕朕之境，豈有形言哉。（《法華經義疏》）

至於道生的慨歎，卻影響了此後七百多年的禪宗歷史。因為不僅他的頓悟成佛論，是禪宗的先聲；而且他的思想中，到處散布了禪學的種子，如：

萬法雖異，一如是同。（《法華經義疏》）

一切眾生，莫不是佛，亦皆泥洹。（《法華經義疏》）

夫體法者，冥合自然，一切諸佛，莫不皆然，所以法為佛也。（《涅槃集解》卷五十四）

由此可見道生思想與老莊及禪學之間的密切關係了。我們也可以說他的思想是由老莊通向禪學的大路。

這條大路雖然不像達磨的路線一樣，有人替它立路標，修道統。但由於它的寬暢平坦，反而不需要路標，不需要道統。因為它是以中國佛學為路基，所以到處都有路可走，到處都照亮著老莊的路燈，指示我們如何通向禪學。

道生的思想正像一陣和暖的春風，吹開了路旁無數美麗芬芳的花朵。但我們「依法不依人」，無須像《傳燈錄》一樣，也來編本《傳花錄》。因為在這條路線上，百花齊放，每朵花蕊中，都承受了老莊的雨露，都洋溢著禪學的生意。

在《景德傳燈錄》中，曾把寶誌、傅大士、慧思、智顗、法雲、僧伽、豐干、寒山、拾得、布袋等十人，列為禪門的達者，這是因為他們的思想中都含有濃厚的禪味。可是以達磨的路線看來，他們都與道統無關，尤其慧思和智顗，根本是天台宗的祖師，放在禪宗史中，豈非有點不倫不類？為了這個原因，所以《傳燈錄》的作者用心良苦，只得把他們放在卷後，而稱為「禪門達者雖不出世有名於時者」。

其實如果我們以道生的路線來看，這些都不成為問題。因為在道生以後，凡是在中國佛學的園地內，用老莊思想灌溉這顆禪學種子的人，都是道生的後繼者，都是禪學的開拓者。如寶誌的：

動靜兩忘，常寂自然，契合真如。若言眾生異佛，迢迢與佛常疏。佛與眾生不二，自然究竟無餘。

眾生迷倒羈絆，往來三界疲極，覺悟生死如夢，一切求心自息，悟解即是菩提，了本無有階梯。

傅大士的：

有物先天地，無形本寂寥，能為萬象主，不逐四時凋。

了本識心，識心見佛，是佛是心，是心是佛，念念佛心，佛心念佛。

慧思的：

頓悟心源開寶藏，隱顯靈通現真相，獨行獨坐常巍巍，百億化身無數量，縱令逼塞滿虛空，看時不見微塵相，可笑物今無比況，口吐明珠光晃晃，尋常見說不思議，一語標名言下當。

布袋的：

是非憎愛世偏多，仔細思量奈我何，寬卻肚腸須忍辱，豁開心地任從他，若逢知己須依分，縱遇冤家也共和，若能了此心頭事，自然證得六波羅（註：即六度）。

從這些偈語中，到處都可以看到老莊的自然無為，道生的頓悟成佛，和禪學的心佛不二。所以儘管他們之中，有的以神通著名（如寶誌）、有的擅長止觀（如慧思、智顗）、有的是半個道士（如傅大士）、有的是半個瘋和尚（如寒山、拾得、布袋），但他們都共同的燃著薪火，去點亮禪燈。

問題到這裡已很顯然，我們之所以要開拓道生這條路線，不僅因為它比達磨的傳法系統要寬大，要源遠流長；而且像慧可、向居士、僧璨、法沖等人，也都可包括在這一路線之中。尤其自慧能以後的禪學，正如一條水勢洶湧的怒潮，這一怒潮的源流必定是壯闊的，否則便不可能這樣平地拔起，一瀉千里。所以我們用道生這一條寬大的中國佛學去作為它的源流，要遠比一脈單傳，苦修頭陀，為時短促的達磨系統更為合情合理了。

# 第五章　禪學開展的三大浪潮

現在，我們已循著道生的路線，經過了南北朝，面臨著的，便是中國佛學的黃金時代——唐代。

這時，印度佛學雖然像萬川競流般注入了中國，但由於中國和尚的融會和整理，使經與經的相承，義與義的相合，而形成了十三個宗派。後來又兼併為十個宗派，即是俱舍宗、成實宗、三論宗、法相宗、天台宗、華嚴宗、淨土宗、律宗、密宗和禪宗。其中，像俱舍和成實兩宗，是屬於小乘教派，雖然創建於魏晉，但由於不能適應中國思想的需要，所以到後來便一直沒有發展。另外八宗都是屬於大乘的教派。其中，像密宗是披上了神祕教的外衣，律宗則專重戒律和修持，用於僧侶生活方面，淨土宗提倡念佛，只適應於民間，這些都與思想沒有深切的關係。至於三論宗固然盛極一時，後來又融入了天台宗。所以在這十宗裡，真正能發揮佛學思想的，只有四宗。而在這四宗裡，法相宗是屬於印度的教派，因此真正由中國和尚所獨創，是純粹中國佛學的，卻只有天台、華嚴和禪宗。

在這三宗鼎立的局面下，我們要真正了解禪宗的開展，還必須先認清它與天台、華嚴宗的關係。

道生在羅什門下，曾習般若三論，是三論宗初期的大師；他自己又學《涅槃》，成為涅槃宗的聖祖。後來三論宗和涅槃宗都融入了天台宗。道生所註疏的《法華經》也是天台宗的寶典，天台宗的祖師慧思和智顗又被稱為禪門的達者。由此可見禪宗與天台宗之間關係的密切了。至於禪宗與華嚴宗的關係，雖不如天台宗那樣密切，但普願曾習華嚴，澄觀也通禪理。而且華嚴的「事事無礙」、「性海圓融」的境界，也是禪學之所本。如僧璨〈信心銘〉中的「一即一切，一切即一」便和《華嚴經》中的「一即是多，多即是一」完全契合。由此可見它們理境的相通。所以後來宋代的禪師延壽在一百卷的《宗鏡錄》中，便把天台、華嚴和禪理融成了一體。

也許在這裡有人要問：禪宗既然「不立文字，教外別傳」，為什麼又與天台宗有密切的關係？與華嚴宗有相通的理境呢？其實這問題很顯然，前人早已有解答；道生的頓悟要「必藉信漸」，達磨的理入要「藉教悟宗」，這都是說明悟不離信，禪不離教。因為禪宗對宇宙人生的看法，本與大乘佛學沒有二致。更何況天台和華嚴都是中國的佛學，它們都是同胞兄弟，當然有密切的關係，有相通的地方。

不過我們要特別強調的是：禪宗和天台、華嚴，甚至其他大乘各宗相同相通之處，乃是在於理境上，而不是在方法上。在理境上，它們都爬到了「百尺竿頭」。可是在方法上，其他各宗都仰止於「百尺竿頭」，而禪宗卻要「更進一步」。就靠這一步跨了出去，使禪宗的精神與其他各宗完全不同，使它不再受「百尺竿頭」的限制，而活潑潑的自在無礙。這是禪宗之所以藉信而離信，藉教而離教；也是禪宗之所以包括萬法，而又超越萬法了。

本來，禪宗和天台、華嚴宗，都是中國的佛學，都是生長在同樣的泥土裡；而禪宗之所以能「更進一步」，跨出了「百尺竿頭」，有兩個因素。一個因素是由僧肇、道生等人把老莊思想融入大乘佛學中，去滋潤禪學的種子。另一個因素就是慧能思想的質樸無華，使老莊思想的活動可以自由無礙，使禪學的種子更易茁長壯大。

老莊思想在慧能思想中的含蘊默潛，這是禪學開展中的第一個浪潮。

## 一、含蘊默潛

慧能本不識字，是嶺南新州的一個樵夫。在唐初，嶺南一帶還是文化未開的地區，而慧能以一個南蠻鴃舌之人，居然登上了佛學的獅子座，成為中國禪學的領導人物，這不是神話，不是偽史，也不是巧遇。而是歷史的任務，交給了慧能。唯有像慧能這樣一個不識文字，而自具智慧的人，才能現身說法，成為直探本心的禪宗之祖；也唯有像慧能這樣一個鄉村的樵夫，而又有驚人的氣魄，才能掙脫傳統佛學的束縛，開展山林農村的平民佛學。

禪學，在慧能之前，雖然已有許多人的努力灌溉，但他們的成就顯然與慧能所開創的頓教，還有一大段的距離。如達磨的行入與理入的禪，還是跡同小乘的禪觀法門，道信曾教人「長坐不臥，繫念在前」（《續高僧傳》），直到神秀也還是「慧念以息想，極力以攝心」（張說〈大通禪師碑〉）。這些都是慧能所批評的住心坐禪。在《壇經》中曾記載神秀派門人志誠去曹溪聽法，被慧能識破而考問：

> 師（慧能）曰：「汝師（神秀）若為示眾？」（志誠）對曰：「常指誨大眾，住心觀淨，長坐不臥。」師曰：「住心觀淨，是病非禪。長坐拘身，於理何益？聽吾偈曰：生來坐不臥，死去臥不坐，元是臭骨頭，何為立功課。」（《六祖壇經．頓漸品》）

從這段記載中，可見慧能對神秀一派偏重禪定的批評。

至於道生的思想，雖然已有頓悟之論，但與慧能的頓悟也有所不同。因為他是「以不二之悟，符不分之理」。主張「悟不自生，必藉信漸」。而慧能的頓悟卻是「不執外修，但於自心常起正見」（《六祖壇經．般若品》）。主張「但用此心，直了成佛」（《六祖壇經．自序品》）。所以道生悟的是佛理，仍然是靠「信漸」的幫助。而慧能悟的是自心，完全是「直了」的頓教法門。

在道生以後，有寶誌等人，也批評禪定。如：

斂容入定坐禪，攝境安心覺觀，機關木人修道，何時得達彼岸。

也觸及自心是佛，如：

若欲存情覓佛，將網山上羅魚，徒費功夫無益，幾許枉用功夫。不解即心即佛，真似騎驢覓驢。

如果我們把寶誌的作品和後代的禪學比較，單就文字所表現的思想來論，簡直沒有什麼差別。但就精神氣質和領悟的境界來說，卻有一大段距離。因為它們思想中的佛學和老莊，都是經過玄學化了的，所以它們的禪學仍然是一種理。這與後代那種從生活中磨鍊出來的真參實證的禪道，是有所不同的。

這段距離，這種不同，完全是由慧能一手所造成的。

慧能之所以有這種手法，妙就妙在他的質樸無文。因為他早期未曾讀過書，念過經，所以不受六朝纖靡的文風所影響，不為傳統煩瑣的佛學所束縛；而能直接從方寸的心田中，發般若的正見；從實際的生活中，透露中國思想的精神。他的存在，猶同一段澄清無波而堆積著沙石的河床，使僧肇、道生、寶誌等人的思想通過以後，便默默的被淨化，洗盡了書卷氣，玄學味，而成為平易近人的慧能禪。

慧能禪固然是綜合了儒道佛三家思想的結晶，但它對此後禪學開展上最大的貢獻，卻是使老莊思想在禪學中生了根。因為老莊思想本是中國人生活的一種智慧，可是不幸被魏晉的名士們談玄了，變成為一種思想的遊戲。當時與般若結合的，便是這種玄學的老莊。後來道生等人雖然已逐漸擺脫玄學，但對老莊的體認，仍然限於思想，未能深入的去運用。至於慧能卻不然，他並不是讀了老莊的書，才有老莊的思想，而是他所運用的智慧，正好和老莊的相同。所以這種本來具有，才是真正的所有。唯其如此，才能使老莊思想在禪學中生根，才能使老莊思想成為禪學的一個不可分的部分。

由於慧能禪中的老莊思想，是先天具有的一種智慧，所以在運用上是非常自然，非常深切的，我們可以從三方面得到印證：

### ㈠對法相因

道生等人雖然已為禪學鋪路，但都偏於文字方面，都只是頓悟成佛的「論」而已，並未觸及實際修證的教法。到了慧能手中，才真正開創了頓悟法門，才具體確立了此後禪宗所運用的接引方法。他曾教門人說：

若有人問汝義，問有將無對，問無將有對，問凡以聖對，問聖以凡對。二道相因，生中道義。汝一問一對，餘問一依作此，即不失理也。設有人問何名為暗，答云：明是因，暗是緣，明沒則暗，以明顯晦，以暗顯明，來去相因，成中道義，餘問悉皆如此。汝等於後傳法，依此轉相教授，勿失宗旨。（《六祖壇經・付囑品》）

在中國佛學裡，用這種相反的對答作為正式教授法的，可說以慧能為第一人。這種方法乃是用現象界的相對，以破兩邊的執著。這正同老子的變道，凡是一般人所追求的，如剛強、美好、富貴、智慧、幸福等，他都加以破斥，認為「堅強者死之徒」（《老子》七十六章），「貴以賤為本」（《老子》二十九章），「智慧出有大偽」（《老子》十八章），「福兮禍之所伏」（《老子》五十八章），「天下皆知美之為美，斯惡已」（《老子》二章）。

慧能曾把現象界的相對性，歸納為三類，三十六種：

> 外境無情五對：天與地對，日與月對，明與暗對，陰與陽對，水與火對，此是五對也。法相語言十二對：語與法對，有與無對，有色與無色對，有相與無相對，有漏與無漏對，色與空對，動與靜對，清與濁對，凡與聖對，僧與俗對，老與少對，大與小對，此是十二對也。自性起用十九對，長與短對，邪與正對，癡與慧對，愚與智對，亂與定對，慈與毒對，戒與非對，直與曲對，實與虛對，險與平對，煩惱與菩提對，常與無常對，悲與害對，喜與瞋對，捨與慳對，進與退對，生與滅對，法身與色身對，化身與報身對，此是十九對也。（《六祖壇經・付囑品》）

這三十六對法，即是把宇宙人生的現象劃分為三十六種範疇，而每一範疇都是由相應相因的兩種相反的作用所構成。這在慧能以前的佛學中是根本沒有的，就拿法相宗的百法來說，無論是心法，或色法，一法只有一法的作用，並沒有強調其間的相對性。但在老子思想中卻可以找到和慧能相同的說法，如陰陽、明昧、有無、難易、長短、高下、前後、巧拙、榮辱、貴賤、禍福、生滅、為無為、事無事、知不知、爭不爭等約有五十餘對。雖然我們不能據此而武斷的說，慧能的對法是出於老子的變道；但我們卻可以肯定的說，他們的思想路線是非常相近的，因為了解宇宙人生的相對性，這本是中國古老的一種智慧，而慧能和老子只是在同一智慧之流中所開的異代的花而已。

## (二)善惡雙離

不過慧能這種對法，是用而非體，是方便而非究竟。他所謂：「問有將無對，問無將有對」，並非要我們徘徊於有無兩邊，而是為了「二道相因，生中道義」，所以他在列舉了三十六對法後，便接著說：

> 若解用即道貫一切經法，出入即離兩邊，自性動用，共人言語，外於相離相，內於空離空，若全著相，即長邪見，若全執空，即長無明。（《六祖壇經．付囑品》）

這三十六對法的真精神就在一個「離」字，而這個「離」字在慧能思想中又有其特殊的意義。因為傳統佛學的基本態度總是建築在善有善報的觀念上，總是要我們離惡向善，離邪趨正。而慧能不僅和道生一樣的主張「善不受報」，並且更進一步強調善惡邪正，都要一齊放卻。他說：

> 一切善惡，都莫思量，自然得入清淨心體。（《六祖壇經・護法品》）

> 邪來煩惱至，正來煩惱除，邪正俱不用，清淨至無餘（註：無餘涅槃，即不生不滅之境也）。（《六祖壇經・般若品》）

在《百法明門論》中，善法包括精進、無貪、行捨、不害等。煩惱包括貪、瞋、癡、慢等。為什麼慧能連善也不思，連正也不用呢？其實慧能並非反對善法，希望煩惱；而是因為善和正都是現象界的相對法，到了本體界，進入絕對的真心，自然要把相對的法一齊掃卻。所以他在大庾嶺上曾開悟惠明說：

> 不思善，不思惡，正與麼時，那個是明上座本來面目？（《六祖壇經・自序品》）

後來看到各宗問難，是非混淆，便對學生說：

> 學道之人，一切善念惡念，應當盡除，無名可名，名於自性，無二之性，是名實性。（《六祖壇經・頓漸品》）

在這裡可以看出慧能所要離棄的是那個思善思惡的「思」，善念惡念的「念」。因為思和念都是後天的經驗，而不是本來面目；都是相對的觀念，而不是無二的自性。所以必須加以掃蕩，才能證入真如。

慧能這種善惡雙離的思想，對傳統佛學來說，固屬創見，但在老莊思想中卻極為普遍，如：

知其榮，守其辱，為天下谷，為天下谷，常德乃足，復歸於樸。（《老子》二十八章）

泉涸，魚相與處於陸，相呴以濕，相濡以沫，不如相忘於江湖。與其譽堯而非桀，不如兩忘而化其道。（《莊子．大宗師》）

因為老莊思想都是有常有變。在變道上，固然要知榮守辱，處弱不爭；而在常道上，卻要是非兩忘，返真歸樸。這個樸，就是本來的面目，就是無二的自性。所以慧能這種善惡雙離的說法，和老莊思想是步調相同的。

## (三)道在自然

慧能的思想從對法相因到善惡雙離，這是由相對而相捨，在表面上仍然屬於現象界和方法論，可是實際上當他一觸及道體時，便立刻化現象為本體，融方法於無住。這時，以前的相對變為絕對，相捨變為相即。這就是頓悟，這就是禪學的精神。

然而慧能之所以有這種境界，並非由於他有什麼特殊的功夫和方法。相反的，他根本不談功夫，不用方法，只是「憎愛不關心，長伸兩腳臥」（《六祖壇經・般若品》），一切順乎自然而已。所以當一位和尚向他介紹臥輪禪師的一首偈子，該偈說：

臥輪有伎倆，能斷百思想，對境心不起，菩提日日長。

他覺得這首偈子尚未悟道，便也作了一首說：

慧能沒伎倆，不斷百思想，對境心數起，菩提作麼長。

在慧能眼中，現象界的一切都是自然的，並無所謂善惡、美醜的不同。只因為我們的心中起了執著，才有這許多相對的差別。而且在現象外，也別無道體可言，因為現象和道體猶如一物的兩面，迷時即現象，悟時即道體，由於這個原因，所以我們求道，不必規避外境，不必多立法門，只要消除心中的執著，處相對而無住於相對，使吾心與萬物同遊於自然，而一無掛礙，這便是解脫，這便是道體，正如他所說：

世人若修道，一切盡不妙，常自見己過，與道即相當。色類自有道，各不相妨惱，離道別覓道，終身不見道。（《六祖壇經・般若品》）

慧能這種態度顯然與老莊的思想路線又不謀而合了。老子的道雖然「玄之又玄」（《老子》一章），但玄到最後，仍然是「道法自然」（《老子》二十五章），「復歸於樸」（《老子》二十八章）。莊子的道雖然「獨與天地精神往來」（《莊子・天下》），但往來以後，又回返人間，「不譴是非，以與世俗處」（《莊子・天下》）。他們之所以有這一回轉的作用，理由很簡單，因為中國的自然思想，總是捨人為而返本真，化玄妙而為平實的。

由於慧能也生長在中國的泥土上，不期而然的吸取了自然的思想，所以他把傳統佛學中那個懸得太高的道體，拉回人間，納入了這個方寸的心中，他說：

> 汝等諸人自心是佛，更莫狐疑，外無一物而得建立，皆是本心生萬種法。故經云：心生種種法生，心滅種種法滅。若欲成就種智，須達一相三昧（註：定境也），一行三昧。若於一切處而不住相，彼相中不生憎愛，亦無取捨。不念利益成壞等事，安靜閑恬，虛融澹泊，此名一相三昧。若於一切處，行住坐臥，純一直心，不動道場，真成淨土，名一行三昧。

從這段話中，可以看出慧能禪的整個間架是建築在自然的基礎上，他用「安靜閑恬，虛融澹泊」的老莊思想，去達到「純一直心，不動道場」的禪學境界，其手法的高明，真可謂羚羊掛角，無跡可尋了。

前面所述的三點，如果依照觀念的分析，似乎有三個層次，最先是就現象而破現象，其次是求本體而捨本體，最後是不捨不破，性相如如。但在慧能的思想中，這三個層次都只是一種方便，都只是一個頓悟的法門。而他之所以成為中國禪學的一代宗師，也就由於這種方便是運用老莊的思想；這個法門被後代的禪宗在「無門為法門」中，當作唯一求道和傳道的方法。

自慧能以後，他的門人據《景德傳燈錄》的記載，有四十三人，但較為著名的，只有懷讓、行思、本淨、玄覺、慧忠及神會等人。其中，懷讓和行思是禪燈的承繼者，神會是替南宗爭道統的先鋒，但他們在思想方面都被慧能所掩蓋，並沒有特殊的成就。雖然胡適曾替神會喊冤說：

神會費了畢生精力，打倒了北宗，建立了南宗為禪門正統，居然成了第七祖。但後來禪宗的大師都出於懷讓和行思兩支的門下，而神會的嫡嗣，除了靈坦，宗密之外，很少大師。臨濟、雲門兩宗風行以後，更無人追憶當日出死力建立南宗的神會和尚了。在《景德傳燈錄》等書裡，神會只佔一個極不重要的地位。他的歷史和著述，埋沒在敦煌石室裡，一千多年中，幾乎沒有人知道神會在禪宗史上的地位。歷史上最不公平的事，莫有過於此事了。然而神會的影響始終還是最偉大的、最永久的，他的勢力在這一千二百年中始終沒有隱沒，因為後世所奉為禪宗唯一經典的《六祖壇經》，便是神會的傑作。《壇經》存在一日，便是神會的思想勢力存在一日。（《胡適文存・荷澤大師神會傳》）

胡適這段話未免過分替神會宣傳了，因為《壇經》正像《論語》一樣是由弟子輯錄的。我們既然不因《論語》是出於孔門弟子的手筆，便認為《論語》是孔門弟子的思想；那麼我們又有什麼理由因「《壇經》是出於神會或神會一派的手筆」（胡適語），便斷定《壇經》中思想都是神會的，甚至說：「其說具在，今布天下，凡言禪皆本曹溪，其實是皆本於荷澤。」（《胡適文存・荷澤大師神會傳》）

我們並不否認神會在替南宗爭道統上的一點汗馬功勞，但那對於禪學思想來說，卻是無關緊要的。因為中國禪學的開展是自然形成的，並不是靠一、二人用革命的手段所能創造。慧能的重要性，也不是在於他拿頓悟作武器，和北宗對抗。而是由於他的化玄妙為平實，使禪學的種子能夠順其條理，自然的成長罷了。

至於真正承繼慧能法統的懷讓和行思，也沒有什麼獨創的見解，只是由於個性的差異，在方法上略有不同而已。譬如他們參見慧能時：

祖（慧能）問：「什麼處來？」（懷讓）曰：「嵩山來。」祖曰：「什麼物恁麼來？」曰：「說似一物即不中。」祖曰：「還可修證否？」曰：「修證即不無，汙染即不得。」（行思）問曰：「當何所務，即不落階級？」祖（慧能）曰：「汝曾作什麼來？」師曰：「聖諦亦不為。」祖曰：「落何階級？」曰：「聖諦尚不為，何階級之有？」

在這兩段話裡，可見懷讓從「有」著眼，直指真心，不汙不染，以超然物外；而行思從「無」下手，泯聖諦，破階級，以達性相如如。這便是他們兩人之間的不同。這種不同，對以後禪學的分歧雖有影響，但在當時卻並不顯著，因為這一時期完全籠罩在慧能的思想中，其作用就在於含蘊默潛。

## 二、平地拔起

由於慧能的默默耕耘，中國禪學才真正的開花結果。此後禪學的發展，波濤壯闊，浪潮起伏。我們可以從下面的圖表中，看出它的變化曲折，支流漫衍。

# 五家法系圖

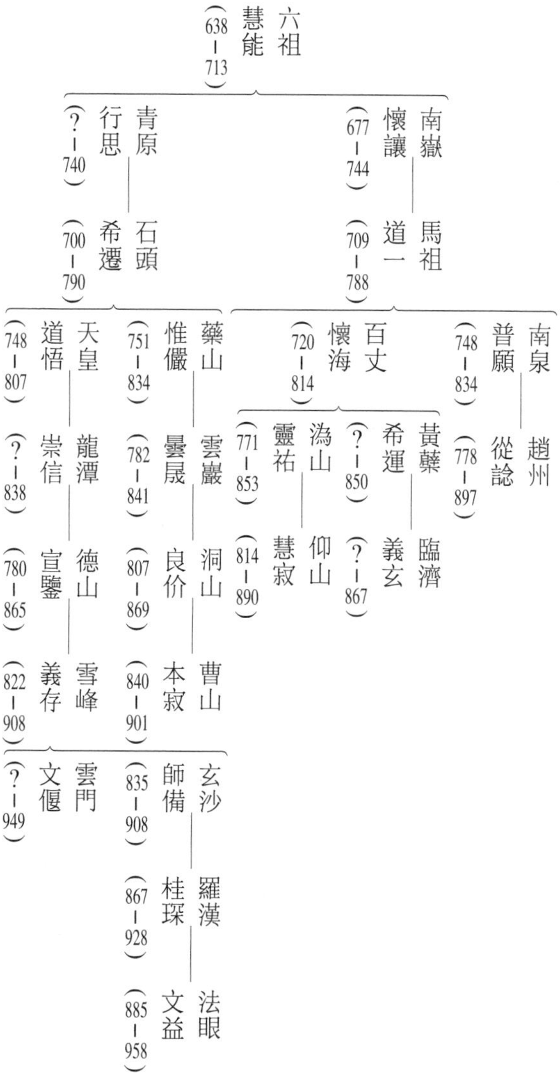
六祖慧能（638－713）
南嶽懷讓（677－744）
青原行思（?－740）
馬祖道一（709－788）
石頭希遷（700－790）
南泉普願（748－834）
百丈懷海（720－814）
藥山惟儼（751－834）
天皇道悟（748－807）
趙州從諗（778－897）
黃蘗希運（?－850）
溈山靈祐（771－853）
雲巖曇晟（782－841）
龍潭崇信（?－838）
臨濟義玄（?－867）
仰山慧寂（814－890）
洞山良价（807－869）
德山宣鑒（780－865）
曹山本寂（840－901）
雪峰義存（822－908）
玄沙師備（835－908）
雲門文偃（?－949）
羅漢桂琛（867－928）
法眼文益（885－958）

從這張圖表來看，好像懷讓和行思是慧能禪學開展的兩個起點。其實不然，他們兩人的思想都只是慧能的餘波。懷讓因道一而著名，行思因希遷而見知，所以真正把慧能平實的思想推上了高潮，促成此後禪學大盛的，卻是道一和希遷兩人。

道一的思想是在慧能的平實面上，點綴了老莊的自然色彩。關於這點，我們可以從兩方面得到印證：

## ㈠平常心是道

慧能只告訴我們自心是佛，要我們心無所住，而道一卻直截的強調平常心是道，他說：

道不用修，但莫汙染。但有生死心，造作趣向，皆是汙染。若欲直會其道，平常心是道。謂平常心無造作，無是非，無取捨，無斷常，無凡無聖，經云：「非凡夫行，非賢聖行，是菩薩行。」只如今行住坐臥，應機接物盡是道。（《景德傳燈錄》卷二十八）

道一這種思想顯然是從慧能「性相如如，常住不遷，名之謂道」中推演出來的。因為所謂平常心，按照字義來講，平是平等無別，常是常住不遷，這正和慧能的道體相契。所以他承接了慧能的思想而說：

> 本有今有，不假修道坐禪，不修不坐，即是如來清淨禪。如今若見此理真正，不造諸業，隨分過生，一衣一鉢，坐起相隨。（《景德傳燈錄》卷二十八）

不過，進一步看，道一的平常心，即自然心，這也是同於老子「道法自然」的思想。他的「無造作，無是非，無取捨，無斷常，無凡無聖」，正和莊子無是非，無生死，無古今，無成毀的境界相同。甚至他也像老莊一樣的口吻說：

> 不盡有為，不住無為，有為是無為家用，無為是有為家依。（《景德傳燈錄》卷二十八）

這豈不是「無為而無不為」，「有之以為利，無之以為用」（《老子》十一章）的思想嗎？由此可見道一的平常心，實際上即是老莊的常道了。

## ㈡超然物外

慧能強調「心平何勞持戒，行直何用修禪」，所以他的平實，是把道體往內拉，成為清淨的本心。道一雖然高唱平常心，但他的平常不像慧能那樣的平實，而是把心向上提昇，成為本然的道體。據《景德傳燈錄》中曾載有這麼一段故事：

一夕三士（註：指百丈懷海、西堂智藏、南泉普願），隨侍馬祖翫月次，祖曰：「正恁麼時如何」。西堂云：「正好供養」。師（懷海）云：「正好修行」。南泉拂袖便去。祖云：「經入藏，禪歸海，唯有普願獨超然物外。」（《景德傳燈錄》卷六）

在當時，懷海、智藏和普願，既然被稱為道一門下的「入室時三大士」；那麼，懷海所答的「正好供養」，和智藏所答的「正好修行」，自然與一般未悟道的和尚見解不同。顯然他們兩人是有得於慧能的平實面。所以道一才許以「經入藏，禪歸海」。不過在賞月的時候，講供養，談修行，未免有煞風景，因此道一還是欣賞普願的拂袖而去，讚以「超然物外」。

關於道一和學生問答的這段故事，我們還可以拿他的四種教法來印證：

僧問和尚為什麼說即心即佛，師云：「為止小兒啼」，僧云：「啼止時如何？」師云：「非心非佛。」僧云：「除此二種人來，如何指示？」師云：「向伊道不是物。」僧云：「忽遇其中人來時如何？」師云：「且教伊體會大道。」（《景德傳燈錄》卷六）

道一教學生「即心即佛」，就是勸人供養此心。教學生「非心非佛」，就是勸人勤加修行。這兩種教法是對初學佛者的諄諄善誘，也是慧能常用的方法。至於對學佛已久，功夫也深的人，他卻「向伊道不是物」，「且教伊體會大道」。這是要他們超然物外，「與天地精神往來」（莊子語）。很顯然地，後面的兩種教法，已越出了慧能禪的平實面，而深契於老莊的風旨了。

由於道一的思想充滿了老莊的自然色彩，所以他的門人也都順著這條路線，發展成一種完全以自然為主旨的禪學。如大珠慧海曾答覆別人的問難說：

太虛不生靈智，真心不緣善惡，嗜欲深者機淺，是非交爭者未通，觸境生心者少定，寂寞忘機者慧沉，傲物高心者我壯，執空執有者皆愚，尋文取證者益滯，苦行求佛者俱迷，離心求佛者外道，執心是佛者為魔。（《景德傳燈錄》卷六）

這裡的「嗜欲深者機淺」和莊子「其耆欲深者，其天機淺」（《莊子・大宗師》）是如出一轍的。

又如南泉普願開悟趙州從諗時，便運用道一的「平常心」。據《景德傳燈錄》的記載：

（從諗）異日問南泉：「如何是道？」南泉曰：「平常心是道。」師曰：「還可趣向否？」南泉曰：「擬向即乖。」師曰：「不擬時如何知是道？」南泉曰：「道不屬知不知，知是妄覺，不知是無記。若是真達不疑之道，猶如太虛廓然虛豁，豈可強是非耶？」（《景德傳燈錄》卷十）

普願這種廓然虛豁的境界，即是道一所讚許的超然物外，也即是莊子逍遙絕待的境界。不過慧海沒有法嗣，普願也只傳到從諗而後止。所以在道一的門下，真正成為法統的繼承者，卻是百丈懷海。

懷海在和道一、普願、智藏賞月時，曾答「正好修行」，這雖比不上普願的超脫，但卻是他思想精神的最好寫照。因為他一生最重實行，曾有「一日不作，一日不食」的名言。同時鑑於印度戒律的不適合中國文化，便毅然改革，訂定了禪門清規，確立了叢林制度。自此以後，中國禪宗才有了自己的生活方式，才有了向印度佛學挑戰的大本營。

至於在思想上，懷海仍然接近老莊的自然色彩，他回答學生問大乘頓悟法門時曾說：

> 汝等先歇諸緣，休息萬事。善與不善，世出世間一切諸法莫記憶，莫緣念。放捨身心，令其自在。心如木石，無所辨別，心無所行，心地若空，慧日自現，如雲開日出，相似俱歇。一切攀緣貪瞋愛取垢淨情盡。對五欲（註：色、聲、香、味、觸）八風，不被見聞覺知所縛，不被諸境所惑，自然具足神通妙用，是解脫人。對一切境，心無靜亂，不攝不取，透一切聲色，無有滯礙，名為道人。（《景德傳燈錄》卷六）

這種「放捨身心，令其自在。心如木石，無所辨別」的功夫，與莊子形如槁木，心如死灰，「嗒焉似喪其耦」的境界，豈不是完全相同。由此可見懷海雖然注重修行，但他的修行中，卻不期然而然地寓有濃厚的老莊色彩。

正當道一和懷海師徒在禪學的園地上辛苦耕耘的時候，另一邊，希遷則繼承著行思的法統，也在那裡傳宗接代。

希遷有一次在僧肇所作〈寶藏論〉中，讀到「會萬物為己者，其祇聖人歟」一句話後，便拍案大叫：「聖人無己，無所不為己，誰云自他耶」，因而著〈參同契〉一文。他所謂「參」，是指現象的參差不齊；「同」，是指本體的同一無別；「契」，是指現象和本體的契合無間。這與莊子的〈齊物論〉正好相通，所以從他寫這篇〈參同契〉中，便可知他的思想是遙契於僧肇和莊子的了。關於這點，我們也可從兩方面得到印證：

1. 道無所不在：據《景德傳燈錄》的記載，希遷曾有一種特殊的問答法，即是：

問：「如何是禪？」師（希遷）曰：「碌磚」，又問：「如何是道？」師曰：「木頭」。自餘門屬領旨，所有問答各於本章出焉。

這種問禪問道，而答以碌磚、木頭的傳道方法，在慧忠的語錄中已有先例：

僧又問：「阿那個是佛心？」師（慧忠）曰：「牆壁瓦礫是」。僧曰：「與經大相違也，《涅槃》云：離牆壁無情之物，故名佛性。今云是佛心，未審心之與性，為別不別？」師曰：「迷即別，悟即不別」。曰：「經云：佛性是常，心是無常，今云不別何也？」師曰：「汝但依語而不依義，譬如寒月水結為冰，及至煖時，冰釋為水，眾生迷時，結性成心，眾生悟時，釋心成佛，若執無情無佛性者，經不應言三界唯心，宛是汝自違經，吾不違也。」（《指月錄》卷六）

慧忠把佛心解作牆壁瓦礫，雖然有點類似希遷的說法。但他接著和學生的那段辯論，仍然不離言教，仍然是有心性的差別。可是希遷把禪道當作碌磚木石，卻是直接體認了道的無所不在，並不需要再立個心去破迷開悟。顯然這比起慧忠來，是更接近莊子道在螻蟻、在稊稗、在瓦甓、在屎溺的思想了。而且希遷的這種問答，乃是以碌磚木石截斷對方的推理，不再作觀念的探討，和言語的分析。這正是此後禪學公案的一大特色。所以自他以後，這種基於「道無所不在」的問答方法，才廣泛地被運用，而成為禪學的一種悟道法門。

2.不會不知法：由於希遷體認道無所不在，因此當學生問佛法時，除了說碌磚木石外，又回答不會不知。這也是他傳道的一種特殊方法。據《景德傳燈錄》的記載：

問：「如何是西來意？」師（希遷）曰：「問取露柱」。曰：「學人不會」。師曰：「我更不會」。（《景德傳燈錄》卷十四）

道悟問：「如何是佛法大意？」師曰：「不得不知」。悟曰：「向上更有轉處也無」。師曰：「長空不礙白雲飛。」（《景德傳燈錄》卷十四）

希遷這種回答有點不著邊際，所以道一曾說他：「石頭路滑」。其實，希遷的方法不僅是「滑」，而且是「活」。因為這種問答常和前面的問答相互並用。他以「不會」、「不知」，去封閉對方的觀念意識，這是運用一個「無」字；而他要對方去問露柱，去看長空，這是從無中透出一個「有」來。使對方從道無所不在中，去體認自然的消息。正如他在〈參同契〉中所說：

當明中有暗，勿以暗相遇，當暗中有明，勿以明相睹。明暗各相對，比如前後步，萬物自有功，當言用及處。事存函蓋合，理應箭鋒拄。承言須會宗，勿自立規矩，觸目不會道，運足焉知路，進步非近遠，迷隔山河固。

這種從「明暗各相對」去參「萬物自有功」的方法，與老莊從「有無相生」去觀「萬物皆化」的旨趣，是如出一轍的。所以希遷在禪學園地上播下的，也是和老莊的自然思想相同的種子。

希遷的門人也很多，主要的有丹霞天然，藥山惟儼，和天皇道悟等人。其中，惟儼和道悟是法統的繼承者，我們留待以後再說，現在先看丹霞。《景德傳燈錄》說他：

三年間，玄學者至，盈三百眾，構成大院。師（丹霞）上堂曰：「阿你渾家切須保護，一靈之物不是你造作名邈得，更說什麼薦與不薦。吾往日見石頭和尚，亦只教切須自保護。此事不是你譚話得，阿你渾家各有一坐具地，更疑什麼禪。可是你解底物，豈有佛可成，佛之一字永不喜聞。阿你自看善巧方便，慈悲喜捨不從外得，不著方寸，善巧是文殊，方便是普賢，你更擬趁逐什麼物？不用經求落空去。今時學者紛紛擾擾，皆是參禪問道。吾此間無道可修，無法可證，一飲一啄各自有分，不用疑慮。在在處處有恁麼底。若識得，釋迦即者凡夫是，阿你須自看取。莫一盲引眾盲，相將入火坑，夜裡闇雙陸，賽彩若為生，無事，珍重」。

（《景德傳燈錄》卷十四）

丹霞這種「不是你造作名邈得」，「不是你譚話得」，「不從外得」，和老莊的無名、無言、無求，正好相通。而且他說這段話的對象是三百餘位玄學者；話中，又激烈的強調，無佛可成，無道可修，無法可證。所以這段文字讀起來，彷彿是一篇以老莊思想對傳統佛學挑戰的宣言了。

在這裡可以看出希遷師生的努力，也和道一師生相同，大致都是以老莊思想去灌溉禪學。而且希遷和道一又是好朋友，他們的學生如：惟儼、龐居士、丹霞、道悟等，也都同時出入於兩家的門庭，可見他們的思想非常接近。不過他們既然承擔了懷讓和行思的兩條系統，其間也必定有所不同。這不同之處，就在於道一受懷讓的影響，偏於這個心的向內把捉，向上提昇，都有超然於物的意味；而希遷則受行思的影響，著重自然，泯除知慮，使心與萬物同化。他們這種不同，以老莊思想來論，一個主張道的超越性（老子），一個主張道的廣被性（莊子）。以禪學思想來論，一個強調吾心即佛，一個強調三界唯心。而這兩方面，也正是此後禪學發展的兩條線索。

禪學，由於道一和希遷等人的共同奮鬥；終於平地拔起，進入了一個新的時期。這一時期的最大特色，就是老莊思想更深切的融入了禪學的慧海中，因為平實的慧能禪，只是用溫火慢慢助長老莊思想在禪學中的成熟。所以慧能和學生們的對答，都是循循善誘，老婆心切。可是到了道一和希遷等人手中，卻是用猛火，激烈的燃燒老莊思想以化入禪學。這時，他們在方法上，更推進了一步。據地一劃，以喻道體的絕待；火焚木佛，以喻自性的不虧。而這些，正是此後禪學發展的動力。

總之，禪學到了他們手中，已進入一個極大的高潮。此後，由道一傳懷海，再傳黃蘗希運，為山靈祐，而開展為臨濟、溈仰二宗。由希遷傳藥山惟儼，天皇道悟，再演變分支，而開展為曹洞，法眼，和雲門三宗。所以在這裡可以看出道一和希遷等人在禪學發展中的重要性。沒有他們的推波助瀾，神會爭來的道統，也只是一個無用的牌位而已；沒有他們的組織經營，禪宗又怎能大梁獨挑，渡過即將來臨的佛教厄運，而成為唐宋之間最具有生命力的中國佛學？

# 三、浪花四濺

的確，在道一和希遷等人之後，中國佛教曾遇到一次厄運，就是唐武宗的「會昌法難」。雖然在歷史上像這樣的法難尚有三次，即北魏太武帝、北周武帝和後周世宗；而且唐武宗這次，被迫還俗的僧尼只有二十六萬餘人，比起北周武帝的三百餘萬人來，顯然算不了什麼。但這次的法難，卻並不是單純的道佛之爭，而是一種恢復道統的排外運動。當時連帶被排斥的，就有外來的祆教、回教、景教和摩尼教等。

在這樣一個由排外而排佛的運動中，佛教真正受到摧毀的，不只是廟寺的廢除，僧尼的還俗等；而是思想制度在根本上為中國文化所不容。因此經過了這次打擊，佛教便由中唐的大盛，漸趨衰落。可是說起來也很奇怪，我們的禪宗，非但沒有受到半點損害，相反的，卻一枝獨秀，大大的發展開來。

禪宗之所以能在佛教凋零時，大為發展，其原因不外於三：

第一是由於禪宗不立文字，教外別傳，不需要任何的宗教儀式，可以祕密單傳，因而不受排佛運動的阻礙。

第二是由於傳統佛教多半承襲印度的教規，不事生產，過著乞食或供養的依賴生活。可是從道一、懷海等人提倡叢林制度，確立禪門清規後，中國的佛教才有了自給自足的生活方式。禪宗也就因此而得免於法難。

第三是由於禪宗根本是中國文化的產物，它那種呵佛罵祖，捨棄經典的作法，實際上，也是一種排外的運動。只不過這種運動不是訴諸政治的壓力，而是寄託於佛學本身的改革。所以這次的排佛運動，非但沒有阻礙了禪宗，反而促進了禪宗的發展。

以上三個原因，雖然都有關係；但最值得我們注意的，還是最後一點。因為自唐朝韓愈高唱排佛斥老以恢復儒家的道統後，直到宋明的理學家們，都是相繼的為這個道統奮鬥。他們唯一的口號便是排佛斥老。但實際上，他們所排的佛，所斥的老，乃是傳統的佛教，和變了質的道教而已；並非純粹中國化的禪宗，也非真正代表老莊思想的道家。這時的禪宗和道家，雖然不像儒家一樣以孔孟為道統；但卻以中國思想為道統，而且也在進行著一種排佛斥老的運動——排印度的佛，斥變質的老。在這一點上，它們的目標是一致的；也就在這一點上，它們互相的結合起來。這時，老莊思想找到禪學為出路，不再被形而下的權變所窒息，回到了恬淡無為的常道。而禪學也找到老莊思想的溫泉，洗淨宗教的色彩，換上了中國文化的衣裳。所以由於這一排佛斥老的運動，反而使得禪學因老莊思想的注入，更蓬勃的發展開來。

此後的禪學，好像一個既高又大的浪潮，突然前面遇到了阻力，後面又有波濤的相推；因而沖擊迴盪，浪花四濺，便形成了五大流派。

這五大流派，就是活躍在唐宋之間的溈仰、臨濟、曹洞、雲門、法眼等五宗。這五宗雖然由於接引方法有急有緩，把握問題有主有客，因而各立門庭，獨樹宗風。但他們都是共源於一個道統，所以在思想上並無多大差別。他們這種異中之同，是同在把老莊的自然旨趣融化為禪學的精神；至於他們這種同中之異，就異在用各種不同的方法去證入這個掌握自然的真宰——本來面目。

現在我們就從這五大流派的形成中，看看老莊思想在禪學裡發展的跡象：

## (一)從溈山靈祐到仰山慧寂——溈仰宗

在五宗裡，成立最早的是溈仰宗。本宗的創建者是靈祐和慧寂兩人。他們都是承繼了道一和懷海的法統。據《景德傳燈錄》的記載：

一日，（靈祐）侍立，百丈問誰？師曰：「靈祐」。百丈云：「汝撥鑪中有火否？」師撥云：「無火」。百丈躬起，深撥得少火，舉以示之，云：「此不是火？」師發悟禮謝，陳其所解。百丈曰：「此乃暫時歧路耳。欲見佛性，當觀時節因緣。時節既至，如迷忽悟，如忘忽憶，方省己物不從他得。故祖師云：悟了同未悟，無心亦無法，只是無虛妄凡聖等心，本來心法元自備足，汝今既爾，善自護持」。（《景德傳燈錄》卷九）

這段故事完全烘托出溈仰宗的思想精神。我們可以從兩方面去分析：

第一是所謂「深撥得少火」。這點火象徵真心和佛性，本為人人所具有，只是被客塵所掩，大家都不自覺其有罷了。因此要明心見性，便必須「深撥」。這個「深」字意味最長，它一方面告訴我們心性埋藏之深，勸我們功夫也要做得深；一方面卻說明頓悟得來的非易，要耐心而徹底的去撥。所以後來靈祐開悟慧寂時，曾說：

> 以思無思之妙，返思靈燄之無窮，思盡還源，性相常住，事理不二，真佛如如。
> （《景德傳燈錄》卷十一）

所謂靈燄，就是靈火，也就是心性，這要我們極無思之妙，然後思盡還源，才能使這點靈火獨照大千。

第二是所謂「時節因緣」。我們心中的這點靈火，就像種子內含蘊著的生命力，這本是先天具足的，但必須靠外在的灌溉，使它成熟到某一個時期，才能突然的開花結果。因此，我們要發掘這點靈火，不是一撥即得，而是要等待「時節因緣」。不過懷海教靈祐的，並非叫他依賴「時節因緣」，事實上，卻是勸他在時節未至，因緣未合之前，好好的去真參實修。所以靈祐對這個「修」字也非常看重，後來當一位和尚問他：「頓悟之人更有修否？」他便直截的說：

> 若真悟得本，他自知時，修與不修，是兩頭語。如今初心雖從緣得，一念頓悟自理，猶有無始曠劫習氣未能頓淨，須教渠淨除現業流識，即是修也。（《景德傳燈錄》卷九）

由以上兩點分析，可見溈仰宗的風格是機用圓融，方法平和。它們主張深撥，和實修，並非把道深奧化，也非強調漸修，而是要我們體用兼顧，從日常生活中去實證大道，正如慧寂回答靈祐的話：

> 仁義道中，與和尚提瓶挈水，亦是本分事。（《景德傳燈錄》卷九）

溈仰宗的這種精神，固然有得於懷海的篤實，和道一的平常心，但也是深契於老莊的思想，靈祐曾說：

> 夫道人之心，質直無偽，無背無面，無詐妄心行，一切時中，視聽尋常，更無委曲，亦不閉眼塞耳。但情不附物即得。從上諸聖只是說濁邊過患，若無如許多惡覺情見想習之事，譬如秋水澄渟，清淨無為，澹泞無礙，喚他作道人，亦名無事之人。（《景德傳燈錄》卷九）

這種清淨無為，澹泞無礙的境界，與老莊恬淡自然，逍遙自在的旨趣是互相吻合的。後來慧寂繼承了靈祐的思想，深怕學者過於攀求，甚至連「禪宗」兩字也不敢談，自認所說的，只是「將黃葉止啼」而已。

## (二)從黃蘗希運到臨濟義玄——臨濟宗

臨濟宗創於希運，成於義玄，也是屬於道一和懷海的法統，但並不像溈仰宗那樣的平和，而是偏於「超然物外」的一面。

也許是為了要超然，本宗的風格特別喜歡出手就打，張口就喝，不僅老師打喝學生，而且學生也打喝老師。譬如希運曾打過懷海一摑，義玄問他佛法時，便「三問三遭打」，後來義玄摸清楚以後，也不甘示弱，接過拄杖，便把希運推倒。這還不算，最奇怪的是這些被打的老師非但毫不介意，反而哈哈大笑，認為自己的學生已經悟道。這種有違人情的作法，實在近於瘋狂，可是他們卻不以為忤，視為傳道的一種方法。所以後來義玄不僅從希運處學會了「打」，同時更受到懷海被道一喝，三日耳聾之事的影響，而特別喜歡用「喝」，他曾說：

有時一喝如金剛王寶劍，有時一喝如踞地獅子，有時一喝如探竿影草，有時一喝

不作一喝用。（《指月錄》卷十四）

其實，打和喝本身並無意義，在希運和義玄的運用上，正和溈仰宗的深撥一樣，無非是為了要見真心，明自性而已，所以希運曾說：

老漢行腳時，或遇草根下有一個漢，便從頂上一錐，看他若知痛痒，可以布袋盛米供養。（《景德傳燈錄》卷九）

所謂「草根下有一個漢」，本是指的死屍，但希運卻以死屍喻活人，因為我們身上所穿的臭皮囊，原是行屍走肉。而希運就是要在臭皮囊上一錐，看看裡面是否還有一點靈性。這種作風與靈祐的撥灰見火原無二致，只是在手法上，懷海教靈祐要慢慢地深撥，而希運則如迅雷閃電般的一錐一擊。

這一錐一擊，在希運來說，就是要探取這個心的靈覺性，他在著名的〈傳心法要〉一文中曾說：

此靈覺性，無始以來，與空虛同壽，未曾生，未曾滅，未曾有，未曾無，未曾穢，未曾淨，未曾喧，未曾寂，未曾少，未曾老，無方所，無內外，無數量，無形相，無色像，無音聲，不可覓，不可求，不可以智識解，不可以言語取，不可以景物會，不可以功用到，諸佛菩薩與一切蠢動眾生同大涅槃性，性即是心，心即是佛，佛即是法。（《景德傳燈錄》卷九）

這點靈覺性，是心、是佛、是法，也是道體，在這方面，顯然希運是承襲了道一「即心即佛」的思想。但這點靈覺性，既然不能以智識、言語、景物、功用去了解，因此只有用一錐一擊去打破軀殼，赤裸裸的使心默默相對，靈犀相通。在這方面，顯然希運也暗合於莊子的這個「忘」字，所以他曾說：

凡夫取境，道人取心，心境雙忘，乃是真法，忘境猶易，忘心至難。人不敢忘心，是恐落空，無撈摸處，不知空本無空，唯一真界耳。（《景德傳燈錄》卷九）

希運在這裡又拈出一個「忘」字來，他乃是用一錐一擊的方法，截斷攀緣於軀殼的意識之流，以達到忘境、忘心，使靈覺自現的境界。這種忘境、忘心，和莊子忘物、忘我的理趣完全相同，所以希運也似乎是透過了莊子的「忘」字，去無心默契，以心傳心的。

義玄受希運的影響，也採取擊破軀殼，使靈覺自現的方法，所以當他推倒希運後，便說：「諸方即火葬，我這裡活埋」（《景德傳燈錄》卷十二）。這兩句話乃是譬喻一般人的心性，都和軀殼同朽，而義玄則當下把軀殼活埋掉，使靈心獨照。這種境界也是有得於道一「超然物外」的思想。不過義玄比希運更進一步，把這點心的靈覺，具體化而為真人，他曾屢次的說：

汝等諸人赤肉團上有一無位真人，常向汝諸人面門出入，未證據者看看。（《景德傳燈錄》卷十二）

五蘊身田內有無位真人，堂堂顯露，無絲髮許間隔，何不識取？心法無形，通貫十方，在眼曰見，在耳曰聞，在手執捉，在足運奔，心若不在，隨處解脫。（《景德傳燈錄》卷二十八）

這個赤肉團，五蘊身，即是我們的軀殼。這個假人，是可以推倒，可以活埋的；而在其中活動的真人，才是我們的本來面目。這個真人，是心法，是無位無形的，所以也是推不倒，埋不了的。在這裡可以看出，義玄的這個無位真人，與莊子的那個「倏然而往，倏然而來」的真人，似乎是孿生的，至少我們可以說，義玄是按照莊子的真人，為禪學塑造了一個活的真心。

至於如何達到真人的境界？義玄除了用打用喝外，並且把這種「打」、「喝」，和莊子的「坐忘」配合起來，創造了他所謂「奪」的「四料簡」。據《指月錄》所載：

至晚，（義玄）小參曰：「有時奪人不奪境，有時奪境不奪人，有時人境兩俱奪，有時人境俱不奪。」克符問：「如何是奪人不奪境？」師曰：「煦日發生舖地錦，嬰兒垂髮白如絲。」符曰：「如何是奪境不奪人？」師曰：「王令已行天下遍，將軍塞外絕煙塵。」符曰：「如何是人境俱奪？」師曰：「并汾絕信，獨處一方。」符曰：「如何是人境俱不奪？」師曰：「王登寶殿，野老謳歌。」符於言下領旨。

（《指月錄》卷十四）

這裡所謂「奪」，即是打之使忘的意思。奪人不奪境，是忘心不忘物；奪境不奪人，是忘物不忘心；人境兩俱奪，是心物雙忘；人境俱不奪，是心物兩不忘。這四料簡，以方法來論，雖然是義玄按照學者根器的不同，而分別接引的四種技巧；但以思想來論，卻只有兩個層次，前面三者，無論奪人也好，奪境也好，都是要走向人境俱奪，也就是說，由心忘物自忘，物忘心也忘，以達到心物雙忘。這是強調一個忘字。而最後的人境俱不奪，卻是在心物雙忘後，靈心自現，這是在活埋以後，「大死一番，再活現成」。這個再活現成的，就是真人。義玄這種由四料簡，而達到真人的方法，顯然與莊子由忘我，忘物，物我雙忘，物我俱化，而達到真人的思想路線，幾乎是如出一轍的了。

在五宗裡，臨濟宗是慧命最強的一派，這與它同出於道一、懷海系統的溈仰宗，恰成了一個顯明的對照。我們研究它之所以有這樣強的生命力，主要的原因是由於希運強調靈覺性，義玄推重無位真人，他們都是在心性中尋求一個活潑潑的慧命。因此本宗風格的：「勢如山崩，機似電卷，赤手殺人，毒拳追命」（祖源《萬法歸心錄》），事實上，也只是慧命的一種表現而已。

## ㈢從藥山惟儼到曹山本寂——曹洞宗

曹洞宗是由藥山惟儼，承希遷的衣缽，再傳雲巖曇晟，洞山良价，而到曹山本寂的。

所以一般來說，本宗是屬於希遷的法統。但在這裡面有一個問題，據《景德傳燈錄》所載：

（曇晟）初參百丈海禪師，未悟玄旨，侍左右二十年，百丈歸寂，師乃謁藥山，言下契會。（《景德傳燈錄》卷十四）

曇晟生於西元七八二年，死於西元八四一年，而懷海死於西元八一四年，由此推算，曇晟是在十二歲那年參拜懷海，三十二歲那年才離開懷海，在這思想剛好成長的二十年，自然受懷海的影響很深，因為懷海本身是一位大禪師，曾開出溈仰、臨濟兩宗。而且在懷海傳中，又兩次提到曇晟的事，可見他和靈祐、希運等人對懷海來說，地位是不差上下的。尤其他離開懷海時，並非意見不合，而是在懷海死後，才依依不捨的離去，所以曇晟和懷海之間的關係是非常密切的。後來曇晟雖說到惟儼處問道，「言下契會」，但這只是一種印證而已，接著他又到靈祐處，互相切磋，由此可見他與懷海、靈祐的關係，遠比惟儼親切。至於他的大弟子良价，也就是曹洞宗真正的建立者，早期曾師事道一的門人靈默，接著又謁普願，參靈祐，這都是道一系統中的人物，最後由靈祐的介紹，去拜曇晟為老師，才接上了希遷和惟儼的法統，所以就這些事實來論，我們與其說曹洞宗出於希遷，還不如說出於道一的法統。

以上是從許多事跡來考證，如果再以思想來論，儘管曹洞宗是承繼了希遷的法統，但卻注入了大量道一的血液，至少它也是一個混血兒。

我們先看惟儼，他受希遷的影響。當學生問道時，常答以「非思量」、「無物者」，和「雲在青天，水在缾」，顯然這是希遷「道無所不在」的思想路線。曇晟在他那裡「言下契會」的，就是這點，依據《景德傳燈錄》所載：

> 師（惟儼）問雲巖：「作什麼?」巖曰：「擔屎。」師曰：「那個底。」巖曰：「在。」師曰：「汝來去為誰。」曰：「替他東西。」師曰：「何不教並行。」曰：「和尚莫謗他。」師曰：「不合恁麼道。」曰：「如何道。」師曰：「還曾擔麼。」（《景德傳燈錄》卷十四）

惟儼說「那個底」，是指的道體；說「何不教並行」，就是要曇晟把道體拉下來一起擔屎。這種思想，與希遷的道在碌磚木石，莊子的道在瓦甓屎溺，是完全的相契了。

曇晟在惟儼處所契會的是以道體擔屎，但在懷海處所接受的卻不同，據《景德傳燈錄》的記載：

雲巖問：「和尚每日驅驅為阿誰？」師（懷海）云：「有一人要。」巖云：「因什麼不教伊自作。」師云：「他無家活。」（《景德傳燈錄》卷六）

懷海所說的「有一人」，即是真人，即是真心，這個真人或真心，是他家無活計，是心不附物的，所以不須去擔屎。

後來良价一面參靈祐，一面參曇晟。從靈祐處得道體之有，從曇晟處得道體之無。據《景德傳燈錄》所載：

（良价）次參溈山，問曰：「頃聞忠國師有無情說法，良价未究其微」。溈山曰：「我這裡亦有，只是難得其人」。曰：「便請師道」。溈山曰：「父母所生口，終不敢道」。曰：「還有與師同時慕道者否」。溈山曰：「此去石室相連有雲巖道人，若能撥草瞻風，必為子之所重」。既到雲巖，問：「無情說法什麼人得聞？」雲巖曰：「無情說法，無情得聞」。師曰：「和尚聞否？」雲巖曰：「我若聞，汝既不得聞吾說法也」。曰：「若恁麼，即良价不聞和尚說法也」。雲巖曰：「我說汝尚不聞，何況無情說法也」。（《景德傳燈錄》卷十五）

從這段故事裡，靈祐始終站在肯定面，曇晟始終站在否定面，這正代表了道一和希遷的兩個系統。而良价便是交織在這兩個系統之中。他一面主張「心心不觸物，步步無處所」（《景德傳燈錄》卷十五），這是偏於道一「超然物外」的境界，而另一面又「不從口裡道」，「只重不為我說破」，這是偏於希遷「不會不知」的路線。

由這些思想線索中，我們可以看出曹洞宗完全是道一和希遷兩條法統的共同產物。

曹洞宗的形成，雖由惟儼、曇晟、良价，而到本寂。但惟儼與曇晟只是調和道一、希遷兩派的鋪路人物，本寂也只是宗風的推廣者，他們都沒有特殊的貢獻。至於真正建立本宗的風格，在調和之外，又提出自己的一套思想的，卻只有首推良价一人。

良价在曇晟處，尚沒有徹底的悟道，所以他對曇晟的見解是「半肯半不肯」，他推重曇晟也只是重在「不為我說破」。直到他離開曇晟，在渡水時，看到了自己的影子，才恍然大悟，寫下了一首偈子說：

切忌從他覓，迢迢與我疏。我今獨自往，處處得逢渠，渠今正是我，我今不是渠，應須恁麼會，方得契如如。（《景德傳燈錄》卷十五）

這首偈子裡的「渠」，就是真人。這個真人不是高高在上的神明，而是自己的本來面目。但我們不能自以為是真人，這樣又是把真人看成一物，向外尋覓，而不是本來面目了。

後來有一次：

師（良价）問僧：「名什麼？」僧曰：「某甲」。師曰：「阿那個是闍黎主人公？」僧曰：「見祇對次」。師曰：「苦哉！苦哉！今時人例皆如此。只是認得驢前馬後，將為自己。佛法平沉，此之是也。客中辯主尚未分，如何辯得主中主」。僧便問：「如何是主中主？」師曰：「闍黎自道取」，僧曰：「某甲道得即是客中主，如何是主中主」。師曰：「恁麼道即易，相續也大難」。（《景德傳燈錄》卷十五）

這裡所謂「客中主」，是指看破假相，以求真我。正如他常教人行鳥道，必須「足下無絲去」，這對一般人來說已不易行，但尚不是最高的境界——主中主。所謂「主中主」，就是泯真假之相，以回返素樸的本來面目，也就是連鳥道也不必行，完全是來去自由，逍遙自在。

至於如何達到這個「主中主」的境界？良价提出了五種階段，即是所謂的「五位君臣」。據《指月錄》所載：

> 師（良价）作五位君臣頌曰：正中偏，三更初夜月明前，莫怪相逢不相識，隱隱猶懷舊日嫌。偏中正，失曉老婆逢古鏡，分明覿面別無真，休更迷頭猶認影。正中來，無中有路隔塵埃，但能不觸當今諱，也勝前朝斷舌才。偏中至，兩刃交鋒不須避，好手猶如火裡蓮，宛然自有沖天志。兼中到，不落有無誰敢和，人人盡欲出常流，折合還歸炭裡坐。（《指月錄》卷十六）

正中偏和偏中正，是說體中有用，用中有體，不可偏執，這是要我們不必再「懷舊日嫌」，不必更「迷頭猶認影」。正中來和偏中至，是說從體至用，由用返體，貴在相通，這告訴我們「無中有路」，要「自有沖天志」。兼中到，是說體即是用，用即是體，體用本一，不可分別。這是要我們識取本來面目，仍然「還歸炭裡坐」。在這五位中，前面四個階段，都是客中辯主，都是超脫有無，不落常流的向上一路，而最後一個階段，卻是主中之主，卻是不離有無，由高深而返歸平淡。

這「還歸炭裡坐」五個字，正是良价思想的神髓，正是曹洞宗的特殊風格。在這裡，我們可以看出它與老子「知其白，守其黑」（《老子》二十八章），「處眾人之所惡，故幾於道」（《老子》八章），及莊子在「獨與天地精神往來」之後，又「與世俗處」（《莊子・天下》）的思想，是深深的契合了。由於這點，使它的主人公，雖與臨濟宗的真人面貌相同，但卻並不「機鋒峻烈」得用棒打，用掌摑；也由於這點，使它像溈仰宗一樣的「機用圓融」，但卻更穩健、更活潑，此後溈仰宗的早絕，事實上並非夭折，而是其思想已為曹洞宗所代替了呢！

## ㈣從天皇道悟到雲門文偃及法眼文益——雲門宗和法眼宗

雲門和法眼兩宗的形成，自天皇道悟，經龍潭崇信，德山宣鑒，到雪峰義存，都是屬於共同的法統。此後由雪峰義存，傳雲門文偃，便是雲門宗。由雪峰義存，傳玄沙師備，羅漢桂琛，而到法眼文益，便是法眼宗。

雲門和法眼兩宗的建立，比其他三宗幾乎晚了半個多世紀，在這段漫長的形成過程中，很自然的受到其他三宗的影響，譬如宣鑒之與靈祐、義玄，及良价；義存之與慧寂、良价，都曾有過接觸，因此這兩宗的思想，調和的色彩濃，蛻變的成分也多。

我們先從這兩宗的形成過程來看，道悟是一個起點。他雖然承接希遷的法統，但也曾在道一處印證過。所以從這個起點開始，便已有走向調和的趨勢。不過他本人的思想，實在沒有什麼特殊的地方，只是在他傳法給崇信時，所說的：「任性逍遙，隨緣放曠，但盡凡心，無別勝解」四句話裡，卻充滿了像老莊一樣的自然思想。崇信是道悟的單傳弟子，他的思想也沒有什麼重要的貢獻，只是曾用吹熄火燭的方法，迫使宣鑒點亮心燈而已。所以在這段過渡性的法統中，真正舉足輕重，大放光芒的，卻是宣鑒。

宣鑒本是一位《金剛經》的專家，曾特別研究《青龍疏鈔》。後來在崇信處悟道後，便把這部《金剛經》的疏鈔燒焚而說：

窮諸玄辯，若一毫置於太虛；竭世樞機，似一滴投於巨壑。（《指月錄》卷十五）

從這兩句警語中，可見宣鑒已證宇宙心海的無窮，思維才智的有限。這種思想固然是禪學的精神，但也和莊子那種一飛沖天的境界相似。其實，以個性來說，宣鑒可以稱為禪學中的莊子。試看他說：

> 者裡佛也無，法也無。達磨是老臊胡，十地菩薩是擔糞漢，等妙二覺是破戒凡夫，菩提涅槃是繫驢橛，十二分教是鬼神簿，拭瘡膿紙，四果三賢，初心十地是守古墓鬼，自救得也無，佛是老胡矢橛。（《指月錄》卷十五）

這種罵聲，這種罵法，在中國歷史上，也只有莊子可以和他相匹。莊子罵孔，並非罵孔子本身，而是罵後儒心中的偶像；同樣宣鑒罵佛，也非罵佛祖本身，而是罵和尚心中的法障。

宣鑒除了善罵以外，又善打。他曾示眾說：

> 道得也三十棒，道不得也三十棒。（《指月錄》卷十五）

這種「棒」的作用，雖然和臨濟宗的「打」或「喝」相同，但道得也打，道不得也打，也即是對也打，錯也打，這和莊子「是非兩忘」的思想也是相契的。

宣鑒用喝用棒，並不是打破軀殼，以求真人，而是把心中的這個「事」打掉，他說：

> 於己無事，則勿妄求，妄求而得，亦非得。汝但無事於心，無心於事，則虛而靈，寂而妙。（《景德傳燈錄》卷十五）

又說：

> 諸子莫向別處求覓，乃至達磨小碧眼胡僧到此來，也只是教你無事去，教你莫造作，著衣、喫飯、屙矢、送尿，更無生死可怖，亦無涅槃可得。無菩提可證，只是尋常一個無事人。（《指月錄》卷十五）

從這些話中，可見宣鑒的善於說「無」處，似希遷；勸人尋常無事處，似道一。其實，他是有鑑於當時一般禪學者的「不守分，馳騁四方，傍他門戶」（《指月錄》卷十五），而欲回返道一、希遷時，那種近似於老莊的自然思想。

自宣鑒而後，傳義存。義存的個性和宣鑒剛好相反，他比較平和，所以並不激烈的罵十二分教是鬼神簿，只是說它「不消一曲楊柳枝」罷了，他的思想也沒有特殊的貢獻，好像是在宣鑒的這一大浪之後，暫時的歸於平靜。不過他賦性仁慈，善於接引，因此在他以後，又慢慢的掀起高潮，分歧而為雲門及法眼兩宗。

雲門宗的建立者是文偃，他受宣鑒「無事於心」的影響，也說：

我事不獲已，向你諸人道直下無事，早是相埋沒了也，你諸人更擬進步，向前尋言逐句求覓解會，千差萬巧廣設問難，只是贏得一場口滑，去道轉遠。……以此故知一切有心，天地懸殊，雖然如此，若是得底人，道火不可燒，終日說事不曾掛著脣齒，未曾道著一事，終日著衣喫飯，未嘗觸著一粒米，掛一縷絲，雖然如此，猶是門庭之說也，得實得恁麼始得。（《景德傳燈錄》卷十九）

文偃在這裡，完全體認無事就是道。他以為「除卻著衣喫飯屙屎送尿，更有什麼事」？而除卻著衣喫飯屙屎送尿，也沒有另外所謂超佛越祖的道理，所以他又說：

我更問你諸人，橫擔拄杖道我參禪學道，便覓個超佛越祖底道理。我且問你，十

二時中，行住坐臥，屙矢送尿，至於茅坑裡蟲子，市肆買賣，羊肉案頭，還有超佛越祖道理麼？（《指月錄》卷二十）

然而文偃所謂「直下無事」，並非要我們遊手好閒，整天的喫飯屙屎，相反的，他卻一直勸人：「莫將等閒空過時光」，甚至還引證孔子「朝聞道，夕死可矣」的精神。由此可見他所謂的無事，相當於老子的無為，並非真的無所事事，而是外面照樣踐履，只是心中無事，也就是說順乎自然罷了。

至於如何去達到「直下無事」的境界，文偃常用的接引方法是一句透三關：所謂「一句」是說當學生問文偃佛法時，他常回答一句話，或一個字，如：

問：「如何是超佛越祖之談？」師曰：「胡餅。」

問：「如何是佛？」師曰：「乾矢橛。」

問：「如何是學人自己？」師曰：「遊山玩水。」

問：「如何是正法眼？」師曰：「普。」

問：「如何是啐啄之機？」師曰：「響。」

問：「三身中以何身說法？」師曰：「要。」

文偃的這一字一句，在表面上看來，正同義玄的「喝」，宣鑑的「棒」一樣，都是截斷觀念，直指真心。但實際上，文偃的每一字、每一句，還包含了三重意義：即是涵蓋乾坤，截斷眾流，和隨波逐浪。

涵蓋乾坤，是說「道無所不在」；截斷眾流，是要「超然物外」；隨波逐浪，是由玄妙而歸於平淡。這三關，雖然有三種境界，但卻是一以貫之，這一貫之道就是自然。正由於這個道是自然的，因此才能天地一體，無不周遍；才能捨棄人為，情不附物；才能無事無為，性相如如。在這裡可以看出，文偃的一句透三關，不僅透過了希遷、道一等人的思想，而且更可透入了老莊自然無為的境界。

在當時，和雲門宗孿生的是法眼宗。法眼宗的建立者文益，雖然和文偃的時間相同，但本宗的完成，自義存之後，還要經過師備和桂琛兩人。

師備和桂琛是法眼宗真正的開路先鋒，他們的思想比宣鑒、義存等人，更為偏近於希遷的路線。因為他們都強調「三界唯心」，認為「道無所不在」；而且當學生問佛法時，也都答以不會不知，或舉椅子掃箒以相對。譬如師備曾說：「盡十方世界是一顆明珠」，當學生問他入道之路時，便回答：「聞偃溪水聲」。後來桂琛受師備的影響，也自認「不會」是他的家風，當學生看見他豎拂子，以為有所開示而禮拜時，他便叫學生去看山看水，去讚歎掃箒。

至於文益，承接了師備和桂琛的法統，也很自然的走入了他們的思想路線，據《指月錄》的記載：

> 雪霽，(文益)辭去。藏(桂琛)門送之問曰：「上座尋常說三界惟心，萬法惟識」，乃指庭下片石曰：「且道此石在心內，在心外?」師曰：「在心內。」藏曰：「行腳人著甚麼來由安片石在心頭?」師窘無以對，即放包依席下，求決擇，近一月餘，日呈見解，說道理。藏語之曰：「佛法不恁麼」。師曰：「某甲辭窮理絕也」。藏曰：「若論佛法，一切現成」。師於言下大悟。(《指月錄》卷二十二)

從這段故事裡，可見文益在未受桂琛開悟前，便以主張「三界惟心，萬法惟識」而著名，不過當時他的思想完全是唯心的，所以把石頭也放在心內。後來和桂琛辯論了一個多月，才了解所謂「三界惟心」，並非說三界都在這個心中，而是說心法偏三界，也就是說道無所不在，一切本自現成。所以經過了這次的轉變，文益才由迷而悟，才確立了法眼宗的思想路線。

在文益的眼裡，無論是這個道的體，或道的用，都是在現象中，都是在自然中。他曾引用古人的話說：「一切聲是佛聲，一切色是佛色」（《景德傳燈錄》卷二十八）。所以當學生問用時，他以現象對；問體時，也以現象對。如：

僧問：「如何是第二月？」師曰：「森羅萬象」。曰：「如何是第一月？」師曰：「萬象森羅」。（《景德傳燈錄》卷二十四）

這裡所謂第一月是指體，文益答以萬象森羅；所謂第二月是指用，文益卻答以森羅萬象。其實萬象森羅就是森羅萬象，而文益之所以把句子倒過來回答，乃是另有他的苦心。因為依照一般禪學的問答方式，問體時答以萬象森羅，問用時也答以萬象森羅。這樣，萬象森羅便成為一具屏風，正像用棒用喝一樣，是去遮斷對方執體執用的分別心。儘管回答者用「萬象森羅」四字，也是要叫對方去體取自然，但由於這種回答方式的相沿成習，因此常使人誤為這是一種遮斷的作用，而不能從答話中透將過去。所以文益為了避免這種誤解，特別把句子錯綜起來回答，使對方的思路不在「體用合一」上，便截然而止，讓他們了解，這個體是在自然中，這個用也在自然中。也就是說問題的重心不在體用合一，而是在於自然。因為在自然中，根本無所謂體用，連「合一」也是多餘的了。

在這段解釋中，我們可以看出文益風格的一般了。他和其他各宗的禪師不同。既不用棒用喝，拳打足踢，也不機鋒冷語，令人莫測。他和弟子的對答，都是非常平實的，非常易懂的，如：

問：「如何是佛向上人？」師曰：「方便呼為佛」。

問：「如何是第一義？」師曰：「我向汝道是第二義」。

問：「如何披露即得與道相應？」師曰：「汝幾時披露即與道不相應」。

問：「十二時中如何行履即得與道相應？」師曰：「取舍之心成巧偽」。

從這些問答中，可以看出文益不僅在思想上，深契於老莊的自然，而且在方法上，也是順乎自然的。所以當學生問他玄言妙旨時，他便說：「用玄言妙旨作什麼？」當學生問他真正之道時，便說：「一願也教汝行，二願也教汝行」（《景德傳燈錄》卷二十四）。可見他思想的「步步踏實」。由於如此，甚至連理學的大儒朱熹也讚歎說：

因舉佛氏之學與吾儒甚相似處，如云「有物先天地，無為本寂寥，能為萬象主，不逐四時凋」，又曰：「樸落非他物，縱橫不是塵，山河及大地，全露法王身」。又曰：「若人識得心，大地無寸土。」看他是什麼見識。今區區小儒，怎生出得他手宜其為他揮下也，此是法眼禪師下一派宗旨如此。今之禪家皆破其說，以為有理路，落窠臼，有礙正當知見，今之禪家多是「麻三斤」「乾屎橛」之說，謂之不落窠臼，不隨理路，妙喜之說便是如此，然又有翻轉不如此說時。（《朱子語類輯略》卷七）

雖然法眼宗的被儒家所賞識，在我們看來，是很有意義的，至少這說明了儒佛有共同之處；可是站在禪學的立場來論，卻不是一件值得欣慰的事情，因為法眼宗的建立，已臨五代之末，接著而來的，便是宋代理學家的天下，法眼宗的平實而善談，豈非容易洩露了太多的奧祕，使理學家得以偷偷的在禪學的園地內挖掘寶藏。法眼宗到了宋代，便一貧如洗，是否也就由於這個原因啊！

以上，我們從五宗的形成中，已看到老莊思想活動的情形。這一時期的最大特色，就是由思想，及於方法，再及於行動。使老莊思想變為禪學的化身，使禪學思想具有老莊的形態。使我們已分不清何處是佛家的禪，何處是老莊的道了。這就是唐朝禪學的黃金時代。

自此以後，到了北宋時，在五宗裡，為仰早絕，法眼衰微，曹洞卻進入了單傳的冬眠狀態。雲門雖人才輩出，盛極一時，但到了南宋，也支撐不住，漸趨沒落。只有臨濟一宗慧命最強，子孫也最多，一直綿延到元明，而分歧為黃龍、楊歧兩派。後來曹洞也由冬眠復蘇，和臨濟平分秋色，有所謂：「臨天下，曹半邊」之稱。但這時畢竟秋色已重，夕陽雖好，可惜已是近黃昏了。

# 第六章　禪學與老子思想的比較

當我們看過禪學的開展後，不禁想起在錢塘江口觀潮，先是浪頭起伏，滾滾而來，接著是排山倒海，有千軍萬馬之勢，最後是波濤拍岸，化為朵朵美麗的浪花。這時，又不禁好奇的問：是誰造成了這偉大的奇觀？對於禪學的浪潮，這個答案已很清楚，就是老莊思想。可是老莊思想又何以有這樣大的力量呢？在這裡，我們便必須收起觀賞的眼光，再回過頭去，看看老莊思想中，是否含有充沛的潛力，足以激發禪學去興風作浪。

現在，我們先看老子思想。

## 一、老子思想的煙霧

談到老子思想，必須先撥開許多煙霧，才能看清他的真正面目。

第一層煙霧，是有關老子思想的時代性。究竟老子是什麼時候人？其成書的年代如何？這兩個問題不知迷惑了古今多少學者！其實無論老子是春秋的老聃，或戰國的李耳；無論《老子》一書成於春秋、戰國，甚至漢代。這些除了提供給歷史學家作考證的資料外，對於研究老子思想來說，非但沒有密切的關係，而且還會引起許多不必要的誤解，譬如胡適便是過於強調老子的時代性，認為他「完全是那個時代的產兒，完全是那個時代的反動」（胡適《中國古代哲學史・老子》）。這樣一來，不僅把哲學家的老子，誤為「革命家之老子」，而且也把老子思想的淵源攔腰截斷，成為一種反傳統的學說。顯然的，這完全違反了老子思想的精神。因為老子的思想不是一種偏激的主義，而是一種圓融的智慧。這種智慧不是老子一人因反對現實才發明的，而是早已孕育在中國道統的生活裡；這種智慧，固然可以解開時代的癥結，但所觸及的，都是人類永恆的問題。在這裡，我們之所以要撥開這層煙霧，理由也很明顯，就是為了發掘老子永恆的一面，使他不致被時代性所掩蓋，成為「時代的產兒」，「時代的反動」。

第二層煙霧，是有關老子思想的常道和變道。在老子眼中，這個道是有常有變的，就其為常道來說，是不可言的，所以他在開宗明義第一章裡便特別說明：「道可道，非常道」，接著以後八十章所論的，都是可道之道，都是應付現象界的一種變道。這在老子來說，只是一種方便，一種過程而已。可是後人不知，卻認為老子所注重的都是權術，都是應變，如程顥說：

予奪翕張，理所有也，而老子之言非也。予之之意，乃在乎取之，張之之意，乃在乎翕之，權詐之術也。（《二程粹言・論道篇》）

其實，這種批評乃是一偏的看法。因為程顥既然承認「予奪翕張，理所有也」，那末老子所談的，就是這個理；並非有意鼓吹權詐之術。儘管這個「理」，在運用上，是一種權變，但那畢竟是變道，並非老子所崇尚的常道。我們決不能因變道上有流弊便抹煞了老子思想的真精神。

第三層煙霧，是有關老子思想的運用和附會。老子思想在戰國時代便大為流行，由於他所談的都是些應變的道理，非常適用於當時七國爭雄，勾心鬥智的局面，所以最先把老子思想運之於權術的是兵家和縱橫家。如孫武、吳起、蘇秦、張儀等人都是深通老子之術的。江瑔曾說：

道家沈機觀變，最精於謀，若施於戰陳之間，天下遂莫與敵。（江瑔《讀子卮言》）

王應麟也說：

老子曰：「將欲翕之，必固張之，將欲奪之，必固予之」，此陰謀之言也，范蠡用之以取吳，張良本之以滅項，而言兵者尚焉。（王應麟《漢書藝文志考證》）

由此可見兵家和縱橫家的運用老子之術，也是出於情勢之所趨。不過這兩者只是過渡時期的產物，後來又都歸入了法家。

至於法家，和老子思想的關係本很密切，因此運用老子之術也比較深入。譬如韓非曾著〈解老〉、〈喻老〉兩篇，對於老子思想的闡述，自有其獨到的見解。尤其他那種「去甚去泰，身乃無害」（《韓非子・揚權》），「虛而待之、彼自以之」（《韓非子・揚權》）的政術，更是有得於老子的變道。雖然他這種政術因李斯的阻礙，未能為秦始皇所接受；但到了漢初，卻贏得了文景及蕭曹等君臣的賞識，完全搬上政治舞臺，形成了所謂的黃老之治。

除了運用於政術外，在另一面，老子的形上思想也曾被魏晉的清談家所熱烈的談論過。但由於清談本身已不符老子「知者不言」的旨趣，再加上這些名士們的放縱行為，更有違於老子清靜無為的思想，所以儘管他們推崇老子，卻未能把握老子的精神，只是一種附會而已。緊接著清談家之後，又有許多神仙家也在憧憬著老子形而上的境界，但由於他們過分依賴方法，如符籙、辟穀、行炁、鍊丹等，而這種方法又是以逆轉自然的路線來從事修鍊的，因此和老子的思想完全背道而馳，所以儘管他們奉老子為教主，仍然只是一種曲意的附會而已。

老子思想的這種運用和附會，無論是否另有發明，但都未曾觸及老子的道體。就拿運用得最成功的漢初黃老之治來說，仍然雜於權術，最多只是一種變道而已。可是由於他們在中國文化上的影響是既深且廣的，因此後人往往從這種影響反推上去，以明老子思想。這便犯了指影為月的毛病。我們之所以要撥開這層煙霧，也就是為了離開影子，直接去看老子的真正面目。

以上我們撥開了老子思想的三層煙霧，接著便可以進一步去看看老子思想的精神了。

## 二、老子思想的精神

《老子》一書雖只有短短的五千餘字，但由於它是智慧的結晶，因此所觸及的問題卻很廣泛，這就同高懸的明月，它的光輝可以遍照山河大地。不過現在我們既然研究他的思想精神，便必須避開其他各方面的問題，直接去透視他的智慧。

引導我們通向這種智慧的途徑有三條：

### (一)常者，道之體

歷代研究老子思想的人，受魏晉玄學的影響，幾乎都是以「無」為道之體。據《晉書・王衍傳》的記載：

魏正始中，何晏王弼等祖述老莊立論，以為天地萬物，皆以無為為本。無也者，開物成務，無往而不存者也。陰陽恃以化生，萬物恃以成形，賢者恃以成德，不

恃以免身；故無之為用，無爵而貴矣。（《晉書》卷四十三）

從這段話裡，可見魏晉的玄學家們簡直用「無」字取代了「道」的地位。何晏以為道是「惟無所有者也」（何晏〈無名論〉），王弼以為道是「無之稱也」（王弼《論語釋疑》）。直到近人胡適也承認「道即是無，無即是道」（胡適《中國古代哲學史》），馮友蘭雖然強調無不等於零，但也承認老子「謂道即是無」（馮友蘭《中國哲學史》）。其實，「無」是對「有」而言，是因「有」而「無」。「無」和「有」都是屬於現象界的相對性，無論執「無」，執「有」，都將落於兩邊。但在一個真正形而上的道體中，是不容有邊見存在的，所以老子的「無」，只是變道的運用，而不是道之體，這個道之體，乃是「常」。

可是我們有什麼理由說老子的「無」，只是變道的運用呢？因為老子常用玄、妙、樸、靜等境界去描繪道體。當然這些並非就是道體，而是老子用來截斷一切心念意識，思維造作的閘門，使我們的理智觸角受到阻礙後，碰壁而回，了解這個道體是不可名狀，不可思議，不可造作，不可追求的，於是便從無名、無知、無為、無欲中去體合大道，所以老子的「無」，既不是道體，也不等於零，而是一種澄清的作用，使我們透過了它，可以破現象之假有，顯本體之真如。

那麼，既然「無」不是道體，我們又有什麼理由代之以「常」呢？要解答這問題，必須先把「常」字作一分析。在《老子》書中，提到這個「常」字的地方，有十七章之多，大致可以分為三類。第一類是單獨的一個「常」字，指宇宙人生的常規，普遍永恆的法則，這是屬於道體自然的一面，如：

復命曰常，知常曰明，不知常，妄作凶。知常容，容乃公，公乃王，王乃天，天乃道，道乃久，沒身不殆。（《老子》十六章）

第二類是和道、德、無、有等配合起來，指本體界不是用觀念意識所能觸摸的，這是屬於道體超越的一面，如：

道可道，非常道，名可名，非常名。無，名天地之始；有，名萬物之母，故常無，欲以觀其妙，常有，欲以觀其徼（註：端倪也）。（《老子》一章）

第三類是一般的應用，指「經常」、「恆久」的意思，這是屬於道體運用的一面，如：

是以聖人常善救人，故無棄人；常善救物，故無棄物，是謂襲明（註：因物以明）。（《老子》二十七章）

是以萬物莫不尊道而貴德，道之尊，德之貴，夫莫之命而常自然。（《老子》五十一章）

從這三類分析，可見老子的「常」字，從其運用面來說，是「欲以觀其徼」，是不離於「有」；從其超越面來說，是「欲以觀其妙」，是不離於「無」；從其自然面來說，是同謂之玄，妙；復歸於樸，靜。是不離「有無」，也不落「有無」的。所以這個「常」字遠比「無」字更為圓融，更能寫出道體的精神。

這個「常」字，有永遠在變而又永遠不變的意思。正像一條河川，時時刻刻在那裡流，可是千年如一日，卻未曾流到那裡。這個永遠在變的，是道的運用面，在這裡引出了老子的變道思想。這個永遠不變的，是道的超越面，在這裡產生了老子的形上思想。而這個變而不變，不變而變的，是道的自然面，在這裡才觸及了老子的道體精神。因為老子的道是常，這個常也就是自然。

不過老子所謂的自然，並非指自然界的現象，他曾說：

人法地，地法天，天法道，道法自然。（《老子》二十五章）

可見自然界裡的地和天，猶以道為法；那麼這個道所法的自然，勢必與自然界的現象不同，而是使這種現象之所以如此的法則；但道已經是最高的法則了，在它之上不可能別有法則存在，因此它所法的自然，只有還歸自身，也就是順其自然如此的意思。所以老子的自然是指道體的本來如此。這就是「常」。

## ㈡反者，道之動

然而這個道體何以能變而不變，不變而變呢？這是因為它的變，是周行不殆的變，是循環不息的變，正如老子所說：

有物混成，先天地生。寂兮寥兮，獨立不改，周行而不殆。可以為天下母，吾不知其名，字之曰道。強為之名曰大，大曰逝，逝曰遠，遠曰反。（《老子》二十五

章）

在這裡，老子告訴我們這個道之所以能「獨立不改，周行而不殆」，乃是由於這個道的變，是由大變逝，由逝變遠，由遠而變反。一提到這個「反」字，也許有人會懷疑：既然這個道變「反」了，豈不是已經「改」了，已經「殆」了。又說什麼獨立和周行。其實老子的這個反字，有兩層含意，一是變易的反，一是復歸的返。如：

玄德深矣，遠矣，與物反矣，然後乃至大順。（《老子》六十五章）

這是變易的反。又如：

萬物並作，吾以觀復，夫物芸芸，各復歸其根。（《老子》十六章）

這是復歸的返。而老子之所以只寫一個反字，乃是因為這個「返」字，必須包含在「反」字中，如果另立了一個「返」字，那末這個「反」字便失去了應有的歸趨，也失去了由變道而復返常道的精神。可是一般人由於不知「返」字，因此也就誤解了這個「反」

字，他們的錯覺往往有兩種情形：

一種是只知變而不知反：我們每天在變化中，卻很少能感覺出變化之速，縱使有一天「高堂明鏡悲白髮，朝如青絲暮成雪」，發現自己已是白髮蒼蒼，齒牙動搖，這時也許會歎韶光如馳，但仍然只是一聲悲歎而已，並沒有從變看到反，看到死亡之後，骨肉化作糞土，像小說《茶花女》中的那位少年，熱情得在女友死後，要開棺赴約，可是卻發現以前那樣明眸皓齒、顏如桃李的愛人，現在卻是白骨璘璘，骷髏一具。這種事變之反，在生活上雖然到處皆有，但我們並沒有常常感覺到；即使感覺到，也感覺得並不深切。只是在「變」上悲歎，而不能在「反」上體會。

另一種是只知反而不知返：因為人類的心理都是好盈惡虧的，看見從無到有的變化，便以為是自然的發展，而毫不為怪。譬如我們從少到老，儘管其間變化很大，總以為自己在成長，在邁向將來；可是有一天到了頭童齒豁，面臨死亡，才發現變化之速。再如我們求利逭名，或由苦工而到富翁，或由布衣而至卿相，但這都是我們所追求的目標，因此心有所迷，也就不會感覺其中的變化。直到有一天，不幸因暴富而遭橫禍，因功高蓋主而遺殺身之患。這時才心有所悔，痛感變化的弄人。其實從有到無的突變固然是變，從無到有的漸變也是變，而且從無到有，從有到無，又是循環的變。在從無到有中，早已潛伏了從有到無的因子，這因子是「反」，而從有到無之後，也早已含有重新從無到有的種子，這種子就是「返」。可是一般人往往只看到變的一面——反；而看不到又回復不變的一面——返。

由於人們的知見，常常犯了這兩種錯覺，所以老子特別提出這個「反」字。要我們看清宇宙人生的變化，是波浪式的起伏，是連環般的運行，由正變到反，再由反復歸於正。就變化一面來看，是永遠的在那裡變，在那裡動；但從不變一面來看，卻永遠是那一個波浪，那一套連環。

我們在變化之流中，就好像掉入了無底洞似的，只有眼巴巴的看著自己往不可知的深淵中墜落，正如莊子的描寫：

> 一受其成形，不亡以待盡，與物相刃相靡，其行盡如馳，而莫之能止，不亦悲乎！終身役役，而不見其成功，苶然疲役，而不知其所歸，可不哀邪！（《莊子・齊物論》）

而老子所提出的這個「反」字，卻是在無限墜落中的一塊踏腳板，使我們了解宇宙人生的變化，不是亂變的，而是有規則的。至於如何去把握這個規則，使我們在無限的墜落中躍起，這便是老子告訴我們的一套處世的變道了。

## ㈢弱者，道之用

老子整個變道的精神，就在於一個「弱」字。

也許有人會懷疑：既然老子認為宇宙人生的變化是循環不息的，那末強變為弱，弱變為強，強又變為弱，強弱輾轉不已，為什麼一定要用弱，而不用強呢？其實老子所謂用弱，並非要我們真正變得衰弱無能，而是因為一般人的心理都是好強的。這個強，實際上已包含了「物極必反」的危險因子；所以老子要我們重視這個強之「反」——弱。透過了弱，再「返」於常道之真強。

試看老子用弱的真意，大致不出以下四點：

1. 知足常樂：

> 名與身孰親？身與貨孰多？得與亡孰病？是故甚愛必大費，多藏必厚亡，知足不辱，知止不殆，可以長久。（《老子》四十四章）

這是告訴我們一切的禍患，都是由於好貪求、不知足。有了汽車，想洋房；有了嬌妻，愛美妾。這樣，永遠也得不到安寧，得不到快樂。所以唯有知足，才是「知足之足常足矣」（《老子》四十六章），才是恬淡自然的人生。

2. 不露鋒芒：

> 持而盈之，不如其已。揣而梲（註：銳也）之，不可長保。金玉滿堂，莫之能守。富貴而驕，自遺其咎。功遂，身退，天之道。（《老子》九章）

這是告訴我們樹大招風，物極必反的道理。因為露才顯己，好強鬥狠，對於自己來說，已忘了本，已失去了平穩的步子；對於別人來說，更引起妒忌，成為爭逐的對象。所以老子要我們「去甚、去奢、去泰」（《老子》二十九章）。但這並非自安於衰弱，而是不露鋒芒，即是不露弱點，這才是明哲保身的作法。

3. 把握樞機：

其安易持，其未兆易謀，其脆易泮，其微易散。為之於未有，治之於未亂。合抱之木，生於毫末；九層之臺，起於累土；千里之行，始於足下，為者敗之，執者失之。（《老子》六十四章）

這是告訴我們任何事態的發展都有一個起點。這個起點必定是整個過程中最微最脆之處，所以也就是弱點。老子要我們用弱，即是把握住這一起點，在問題尚未形成之前，先予以打消；在問題尚未發展到成熟階段時，先予以解決。這種「圖難於其易，為大於其細」（《老子》六十三章）的功夫，才是真正的應變之術。

4. 曲成之道：

曲則全，枉則直，窪則盈，敝則新，少則得，多則惑，是以聖人抱一為天下式。不自見故明，不自是故彰，不自伐故有功，不自矜故長。夫唯不爭，故天下莫能與之爭。古之所謂曲則全者，豈虛言哉，誠全而歸之。（《老子》六十六章）

這是告訴我們宇宙人生的變化都是循著曲線進行，這條曲線，也就是自然的軌跡。我們處世應變，也必須循著這條軌跡，不爭而得，無私而成。正像江海之處下，反而為百川所同歸，所以這種曲成的原則，才是真正的自然之道。

從以上四點看來，老子的弱道為用，並不是要我們處「弱」，相反的，卻是要我們去「弱」，他曾說：

> 明道若昧，進道若退，夷道若纇（註：絲節也），上德若谷，大白若辱，廣德若不足，建德若偷，質真若渝。（《老子》四十一章）

這段話裡的「若」字，意味最為深長。明道並不就是昧，而是若昧罷了。這也即是說，常道並不就是弱，而是在表面上，像弱罷了。所以老子的「弱」字，實際上有如一把雙鋒的利刃，一面除強，一面去弱，使我們同時超越了強弱的觀念，由變道而返歸於常道。

# 三、禪道與常道

老子這種返變歸常的思想精神，對中國歷史的影響很大。可是了解的人固然也有，而誤解的人卻比比皆是。所以兵法縱橫運用它，便失之於陰謀慘酷；黃老之治崇尚它，也限於政術權變；魏晉玄學談論它，又都流於虛無頹廢，至於近代學人研究它，更是把它放在手術臺上解剖。怪不得日本有一位老子的專家，姓伊福部，名隆彥的，在他所著《老子眼藏》序文中說：

自古迄今，未有比《老子》更被人誤解的書，有的說它是東洋無政府主義者的書，有的說是虛無主義的書，有的說是支那式的功利主義的書，有的說是逃避人生的隱遁主義的書。我認為這都是由於誤讀與誤解所引起的錯誤……為什麼會發生這樣誤解呢？究其原因不外乎為了不會讀《老子》正文的關係。筆者聊有自信敢說：我曾經矯正了這部在東洋二千年來被誤讀的書。

伊福部隆彥為什麼敢說這樣的話，且看他的見解：

道可道，非常道。應解釋：真的道，決不是絕對不變而固定的道。……人因知性淺陋，故其根幹被插入了假說性，亟想求一個常道。例如先王派的孔子等，即係此種人物。他們由夏殷周三代的制度，發見了治國平天下的原理，便認此為不易的常道，想要用這個常道做天下的秩序，但是這個秩序自體不僅已經錯誤，則欲求固定原理的這個想法，也是錯誤的。因為道可道，非常道故也。須知眼橫鼻直以外，別無真的認識，亦沒有物的本體。世界本是色外無空，空外無色；見色則色，見空則空，想在空外求色，色外求空，便是迷。道現成在我面前，在這現前的道以外，別無常道，欲求常道，就是心迷。老子出現的眼目，是欲促使人類從知性中斷絕一切的假說性，叫人擺脫一切的假說來和眼前的道合為一如一體而成絕對，這就是老子所傳播的福音。其道為何？就是：眼橫鼻直罷了。每晨太陽從東方出，每夜沒入西方，這就是道。每晨睡醒了即起，起即穿衣……各有其道，這樣道時時刻刻現成在眼前，行之便是道，所行之處，就有現成的道，並無需要

什麼假設。（伊福部隆彥《老子眼藏》）

伊福部隆彥的這種見解，顯然也是犯了誤讀與誤解的錯誤。他把老子的常道，解釋為「絕對不變而固定的道」，這是沒有了解老子的「常」字，有永遠在變而又永遠不變的雙重意義。因此便不自覺的掉入了一個矛盾的漩渦中。首先他無法交代的是《老子》書中其他許多「常」字，像「常德」、「知常」、「習常」等，如果依照他的定義，那末老子所推崇的這些境界，豈不都成了假說性？其次，他認為老子的眼目就是：「叫人擺脫一切的假說來和眼前的道合為一如一體而成絕對。」試問這個一如一體的「絕對」，不是常道是什麼？可見他的錯誤，也就是由於把這個活潑潑的「常」字，釘死在「絕對不變而固定」的十字架上。

然而伊福部隆彥的錯誤，也只是許多誤解老子的看法中的一種，何況他又是外國的學者，我們為什麼偏要提出他的見解來討論呢？這是因為他的錯誤，雖然是對這個「常」字的曲解，事實上，他所謂現成在面前，眼橫鼻直，睡醒即起，起即穿衣的，正是常道。而且這個常道，也即是禪宗所謂「要眠即眠，要坐即坐」（長沙和尚語）的平常心。顯然的，他這段話是用禪學之道去解老子之道，他自己也承認「本身受了老子的指示，始能認識道元禪師之佛道」（伊福部隆彥《老子眼藏》）。無論他這種認識是否深入，但他把禪道當作常道這一點，卻是我們探索禪學與老子思想的關鍵所在。

前面我們已說過老子的常道，是不離有無，也不落有無；永遠在變，又永遠不變的自然之道。而禪學，也就是要在有與無，變與不變之間，去證悟這個自然的本來面目。所以我們要研究禪道與常道之間的關係，「自然」兩字便是一把最好的鑰匙。

在《老子》書中，提到自然的地方，如：

道法自然。（《老子》二十五章）

希言自然。（《老子》二十三章）

百姓皆謂我自然。（《老子》十七章）

夫莫之命而常自然。（《老子》五十一章）

在這裡可以看出老子所謂的自然，並非物理的自然世界，而是指物性之本然，就是道體，也就是我們前面所說本來如此的「常」。因為一般人總是被現象界的變化所迷，執著於相對，或拼命的追求，或盲目的逃避。這就同一位鄉下姑娘進城，看到摩登小姐的裝扮，誤以為塗脂抹粉就是美，便跟著效法，殊不知塗脂抹粉是為了掩醜，如果本身已經美了，自不必再去掩醜。否則所掩的，非但不是醜，而是自然之美。所以老子叫我們別被五色、五音、五味所迷，要「見素抱樸，少私寡欲」（《老子》十九章），這就是為了要顯自然之真美，他曾說：

> 眾人熙熙，如享太牢（註：筵席），如春登臺，我獨泊兮其未兆，如嬰兒之未孩，儽儽兮若無所歸。眾人皆有餘，而我獨若遺，我愚人之心也哉！沌沌兮，俗人昭昭，我獨昏昏，俗人察察，我獨悶悶，澹兮其若海，飂兮若無止，眾人皆有以（註：有用也），而我獨頑似鄙，我獨異於人，而貴食母（註：貴食者，貴腹也，貴母者，貴道也）。（《老子》二十章）

老子這種「如嬰兒之未孩」，似「愚人之心」的境界，在一般攀緣執著的人眼中，反而以為不合常情。其實，這種重視厚生的「食」，生生的「母」，卻正是順乎自然的真常之道！所以老子要我們歸常，所歸的乃是：一面超越相對，以返於絕對；一面從絕對，又返於平常。事實上，絕對在於平常，平常之中有絕對，這就是常道，就是自然的本來面目。

至於禪宗，自始便注重常道，要直探這個自然的本來面目。不過在佛學中原有「常道」兩字，是指「尋常的道理」（《佛學小辭典》）。與老子不可道的「常道」似乎相反，其實這只是佛學的一般用語，在禪宗來說，正是要從尋常的道理中去明心見性，所以禪道和常道一樣，也是寓絕對於平常，從平常中去見絕對。

本來，禪宗的這個「禪」字，為佛教各宗所共法，圭峰宗密曾把禪分為五種：

> 謂帶異計（註：有計較心者），欣上厭下而修者，是外道禪。正信因果，亦以欣厭而修者，是凡夫禪。悟我空偏真之理（註：以我空為真理）而修者，是小乘禪。悟我法二空所顯真理而修者，是大乘禪。若頓悟自心本來清淨，元無煩惱，無漏（註：即圓滿也）智性，本自具足，此心即佛，畢竟無異，依此而修者，是最上乘禪。亦名如來清淨禪，亦名一行三昧（註：定境也），亦名真如三昧，此是一切三昧根本，若能念念修習，自然漸得百千三昧，達磨門下展轉相傳者，是此禪也。（《指月錄》卷六）

可見禪之一字，原非禪宗所專有，只因其他各宗的禪，都偏於禪定，這是傳統佛學的一種修持。而禪宗卻把這個禪字，用在特殊的一面，超越了傳統的範圍。這特殊的一面，就是禪和道的結合，成為禪道。這個禪道，著重於心的「本來清淨，元無煩惱」，和老子清靜無為之道正好相通。所以自禪和道結合後，也就等於把吸針插入了中國思想的脈管裡，吸取生命的血漿。此後禪宗的禪，已不再限於禪定修持，而是自有其道體了。

這個道體，就是自然。

貫注在禪學思想裡的自然，有兩層意義：一是指本來面目，一是指平常心。前者相當於老子所謂「嬰兒之未孩」，這是截斷眾流的絕對生命；後者相當於老子所謂「愚人之心」，這是隨波逐浪的任運而行。

在禪宗的眼裡，我們的經驗往往是製造錯誤的根源，經驗愈多，錯誤也愈大。這就同那位進城的鄉下姑娘，懂得愈多，也就愈失去了她的天真純樸。所以我們為了徹底的明心見性，便必須拋開經驗的有色眼鏡，去認取自己的「本來面目」。《六祖壇經》中曾記載慧能告誡惠明的一段話：

> 祖（慧能）曰：「汝既為法來，可屏息諸緣，勿生一念，吾為汝說明」。良久，祖曰：「不思善，不思惡，正與麼時，那個是明上座本來面目？」惠明言下大悟。

這是「本來面目」四字的最早出處。在這裡，慧能告訴惠明的，就是要他拋開一切經驗，不要想什麼是善，什麼是惡，在這中間，而要參一參什麼是我的本來面目。這個本來面目，就是在人智未鑿，嬰兒未孩，甚至父母未生前的那個本自現成的絕對生命。

這個絕對的生命，也不是什麼高不可及的境界；而是一切順乎自然，茶來喝茶，飯來吃飯，困來即臥，醒便穿衣的平常心。因為行住坐臥，莫非禪機；擔柴運水，不離至道。這一切都是絕對生命的顯露，所以只要我們處日常生活，而無攀緣造作之心，向上不追求，對下不逃避，這就是本來面目，就是平常心，也就是超越而又平實的常道。

問題到這裡已很顯然，被運用了一千多年來的老子思想，始終在變道上迴轉，未能返變歸常；直到禪宗興起，才產生了共鳴，找到了它的歸宿。此後老子的常道，可說完全被吸入了禪道之中。

# 四、「無」字的運用

禪學和老子思想產生的共鳴，固然都以常道為體；但這本是中國思想的最高境界，其殊途同歸也是很自然的。至於禪學受老子影響比較明顯的，卻是在運用上的那個「無」字。老子曾說：「無之以為用」，「常無，欲以觀其妙」，這是告訴我們要證入常道，必須先透過「無」字一關；同樣慧能也說：「本來無一物」，「無一法可得」，這也是要我們從「無」字上去體認禪道。所以禪學和老子思想在運用上的關係，「無」字便是最重要的一個關鍵。

不過在這裡我們還必須撥開一層煙霧，就是一般的看法，往往以為禪學中的「無」字，是傳統佛學中「空」字的翻版。其實不然，這個「無」和「空」的意義大不相同。空是指「因緣所生之法，究竟無實體」（《佛學小辭典》），在佛學中談到空，都當作一法來看，如空性、空相、空定、空觀、空慧、空行、空法、空無我、空無邊處、空如來藏，以及所謂的十八空等。而「無」，本是一個否定的用詞，在佛學上用到無字，都帶有否定的意思，如無上、無生、無明、無住、無始、無性、無相、無常、無漏等。由此可見「空」和「無」本不相關，他們之所以混為一談，乃是在魏晉時期，由於般若性空的思想盛行，當時的玄學家又崇尚老莊，喜談虛無，於是以「無」解「空」，便成為風氣所趨。這時，顯然已把老子的「無」運用在佛學上了。直到禪宗興起，更進一步，超越了前人的看法，不是以無去解空，而是由無去悟道，以求不著於空；而是把這個無字，由否定的用詞，變成了積極的工夫。譬如慧能便自認以「無念為宗，無相為體，無住為本」（《六祖壇經・定慧品》）。這無念、無相、無住，雖然在傳統佛學中已有，但那都只是一些描述的語詞，並不像慧能一樣，把它們當作大道，注入了活力，使其成為禪學的中心思想。所以慧能運用的這個「無」字，絕不是「空」的翻版，而是和老子「無之以為用」的「無」字相通。試看禪學強調的無念、無言、無心、無事，與老子主張的無欲、無名、無知、無為，是如出一轍的。因此我們要比較他們的思想，便必須從這個關係上，去看看禪學是如何運用老子的「無」字：

## (一)無念與無欲

在老子眼中，人類一切痛苦的根源，都是在於一個「欲」字。所謂：

五色令人目盲，五音令人耳聾，五味令人口爽，馳騁畋獵令人心發狂，難得之貨令人行妨，是以聖人為腹不為目，故去彼取此。（《老子》十二章）

這些五色、五音、五味等之所以使人目盲、耳聾、口爽，乃是由於它們都是「可欲」，都會挑動人心的欲念，去作無厭的追求。可是愈追求，愈不滿足，欲念愈多，也就愈痛苦。所以老子要我們為腹不為目。為腹表示只求自然的需要，如吃飯睡覺等；為目表示向外的追逐，如聲色利樂等。這也就是要我們杜絕欲念，使心還歸清淨。

禪宗提倡「無念」，所無的也就是這個欲念。慧能曾說：

云何立無念為宗，只緣口說見性，迷人於境上有念，念上便起邪見，一切塵勞妄想，從此而生，自性本無一法可得。若有所得，妄說禍福，即是塵勞邪見，故此

法門，立無念為宗。（《六祖壇經·定慧品》）

這裡指的無念，並非沒有正念，而是沒有邪念。所謂邪念是指在境上起了妄想，有了欲念。所以無念便是心不染著，無邪無欲。可是息邪戒欲，本為傳統佛學所主張，也為其他一切宗教所強調，為什麼我們特別注意禪宗的無念，甚至於把它比之於老子的無欲呢？這是因為他們所謂的「念」和「欲」，與一般的意義不同。老子的欲，不僅是指貪圖五色、五聲、五音等可欲之物，而且也指人所共讚的聖智仁義。本來，聖智仁義不能與五色、五聲、五音等同日而語，但只要存心執著，便都成為可欲之物，便都是一種欲，所以老子的無欲，是連聖智仁義的追求之心，也要一齊打消的。至於禪學的無念，也是如此，慧能曾說：

> 無念念即正，有念念成邪，有無俱不計，長御白牛（註：即成道也）車。（《六祖壇經·機緣品》）

顯然，無念固然並非沒有正念，但卻不是另有正念，而是無念即正念。如果另有正念的話，那末仍有追求之心，這也是一執，也是一種邪念和欲念。所以無念的真意，就是「有無俱不計」、「邪正俱不用」，這與老子的思想路線，也是殊途同歸的。

## (二)無言與無名

老子在開宗明義第一章裡，便說明這個道是不可道的，不可名的。有名可道只是不得已的變通方法，所以他處處強調「道常無名」（《老子》三十二章），「道隱無名」（《老子》四十章），告訴我們「知者不言，言者不知」（《老子》五十六章），要返歸「無名之樸」（《老子》三十七章）。對此，白居易曾有一詩懷疑說：

> 言者不知知者默，此語吾聞於老君；若道老君是知者，緣何自著五千文。

白氏的懷疑，顯然是用文學家的筆調，對老子思想的幽默。因為老子所談的是變道，變道是可言而不可執，有名而本無名的，他雖然寫了五千文，事實上，處處在破執，在返於無名，他的用反、處弱，都是破執的方便說法，所以如果依據《金剛經》中所載，釋迦說了四十九年的法，為了無所得故，卻自認未曾說一法；那麼同理，老子寫了五千字，為了破執起見，也未曾寫一字。

禪宗的「不立文字」，也就是本著這種旨趣。

不過在這裡我們又碰到了一個問題，就是《金剛經》既然承認「無法可說」（《金剛經・二十一分》），《楞伽經》也明言「法離文字」（《楞伽經》卷四），甚至傳統佛學中尚有維摩詰默然不語，須菩提巖中晏坐的典故。這些豈非都主張不立語言文字，為什麼我們又把禪宗的無言，拉上了老子無名的關係？這是因為前面所說的經書和典故，它們對於不立語言文字的見解這一點，在傳統佛學中的地位卻並不太重要。直到僧肇把老子的無名，用之於佛學，寫下了〈涅槃無名論〉後，才使得這些「莫著言說」的見解，受到了中國思想的支持，而融會演變為此後的禪宗。

在傳統佛學中，雖然也主張語言文字不是道，但對於語言文字卻保持相當的尊重，仍然要「受持讀誦，為人演說」（《金剛經・三十二分》），仍然要「隨宜方便，廣說經法」（《楞伽經》卷四）。可是禪宗正如老子所謂「知者不言，言者不知」，卻認為開口便錯，要徹底捨棄語言文字。如：

僧問：「離四句，絕百非，請師直指西來意？」師（道一）曰：「我今日勞倦，不能為汝說，問取智藏去」，僧問西堂，堂云：「何不問和尚」，僧云：「和尚教來問堂」，云：「我今日頭痛，不能為汝說，問取海兄去。」僧又問百丈，百丈云：「我到者裡卻不會。」僧回舉似師，師曰：「藏頭白，海頭黑（註：黑者玄也，較白為勝）」。

從這段記載裡，可見這些和尚的推三託四，都不肯開口說破，深怕這顆語言文字的「鼠矢」，掉在自己的釜中。禪宗的這種作法，固然有其獨特的創造性；但受老子「無名」、「不言」的鼓勵，卻也是很顯明的事實。

## ㈢無心與無知

老子思想中有一個比較激烈的見解，就是歌頌無知。歷來老子被誤為頹廢、反動，愚民等，都是由於大家不了解無知的真意。其實老子的無知，並不是要我們變文盲，變白痴，而是不以「不知」為知，也不以「知」為知，他說：

知不知上，不知知病。夫唯病病，是以不病。聖人不病，以其病病，是以不病。

（《老子》七十一章）

這是說一般世俗之知，都是以不知為知。都是把自己錯誤的觀念，靠不住的經驗當作知。至於真知卻正是要知道自己的不知，知道這個道的不可知，而捨棄一切的觀念造作，經驗判斷，直達無心的境界。

禪學的高標無心，也就是這種境界。

然而在這裡，我們又遇到了一個問題，就是禪宗明明以心傳心，為什麼又傳出了一個無心？譬如希運在〈傳心法要〉一文中，開首便說：

諸佛與一切眾生，唯是一心，更無別法。

唯此一心即是佛，佛與眾生更無差異。

這完全是本於慧能「但用此心，直了成佛」（《六祖壇經‧自序品》）的思想。可是在該文中，他接著又大談無心說：

此心即無心之心，離一切相，眾生諸佛更無差殊。但能無心，便是究竟。學道人若不直下無心，累劫修行終不成道，被三乘功行拘繫，不得解脫。

所謂「此心即無心」，這用邏輯的眼光來看，顯然是一種矛盾。可是對禪宗來說，前一個心，和後一個心完全不同。前一個心是指絕對的真心，是指本來的面目。後一個心是指觀念造作，經驗判斷。正如希運所說：「無心者，無一切心也。」這一切心就是觀念和經驗錯綜複雜所形成的假心，唯有泯除這個假心，才能使真心自現。所以禪宗這種「無心」的說法，和老子「無知」的思想，是完全契合的。

禪宗的「無心」，對傳統佛學來說，也是一個比較激烈的見解。因為在它們以前，沒有人公然的主張「當下無心，便是本法」（希運〈傳心法要〉）。雖然如此，但這種見解也並沒有和傳統佛學發生衝突。譬如在《心經》中便說：

是故空中無色，無受想行識，無眼耳鼻舌身意，無色聲香味觸法，無眼界，乃至無意識界，無無明（註：無明者，昏闇也，為一切煩惱之因），亦無無明盡（註：也無智也），乃至無老死，亦無老死盡（註：也無不朽也）。無苦、集、滅、道。無智，

> 亦無得，以無所得故。

這段話裡的「無受想行識」，「無苦、集、滅、道」，「無智，亦無得」，實際上，也就是無一切心。而禪宗之所以用無心去概括，乃是因為「無受想行識」等，至少還有一個心去無。禪宗卻是連這個去無的心也無了，正如希運所說：

> 心自無心，亦無無心者，將心無心，心即成有，默契而已，絕諸思量，故曰：「言語道斷，心行處滅」。（希運〈傳心法要〉）

可見禪宗的思想是非常徹底的，這與老子以「無知」去挖除能知之心，都是活用這個「無」字。

## (四)無事與無為

老子思想中，最為後人所崇法的，是「無為」；而最不易把握的，也是無為。他曾說：

> 為學日益，為道日損。損之又損，以至於無為，無為而無不為。取天下常以無事，

及其有事，不足以取天下。（《老子》四十八章）

這段話的關鍵是在「無為而無不為」一句話。歷來對於這句話常有誤解，總是把它分開來看，不是落於空心死寂的無為，便是偏於起心造作的無不為。其實這句話的真意該是無為而自然的無不為。所以無為與無不為都是相對的襯托出一個自然的境界。至於「取天下常以無事」，非但不是勸人如何去取天下，相反地，卻是以無事去打消取天下之心，使其順乎自然，還歸於樸。所以老子運用這個「無」字，並沒有權詐之意，而是就人們的心理，以輔「萬物之自然」。

禪學中接受老子「無為」的影響是非常明顯的，如永嘉玄覺在〈證道歌〉中開首便說：

君不見絕學無為閒道人，不除妄想不求真。

可見他對老子無為思想的心儀。這種無為思想到了後來，便演變為「無事」的平常心，如宣鑒曾說：

諸子莫向別處求覓，乃至達磨小碧眼胡僧到此來，也只是教你無事去，教你莫造

> 作，著衣、喫飯、屙矢、送尿，更無生死可怖，亦無涅槃可得。無菩提可證，只是尋常一個無事人。（《指月錄》卷十五）

這個尋常無事人，就是絕學無為閒道人。

在禪宗的眼裡，認為天下本無事，一切的煩惱痛苦，都是由於庸人自擾，作繭自縛。因為不僅貪圖享樂會產生痛苦；即使追求佛法，也是製造煩惱的根本。所以當慧可請達磨替他安心時，達磨便要他「將心來」；當道信向僧璨求解脫法門時，僧璨便問他「誰縛汝」。這都是勸人不必自擾，作個尋常無事的閒道人。

禪宗這種「無事」的思想，在傳統佛學中可說是一種獨創的見解。雖然它有點類似於「無執」；但「無執」只是戒攀緣執著之心，仍有「時時勤拂拭」之意；而「無事」卻是從根本上捨知捨為，返於尋常之樸，已達「本來無一物」的境界。這裡所托出的，不是一位兢兢業業的佛徒；而是一位理趣恬淡的道家人物。所以禪學裡的無事，很顯然的，與老子的無為有著前後呼應的關係。

從以上幾點，可以看出禪學和老子思想所產生的共鳴。我們之所以用共鳴兩字，這是為了比較客觀和保守一點，因為談到兩家思想的比較，除了有可靠文獻上的證據，和師承上的關係外，我們實沒有充分的理由去下斷語說，這一家的思想是完全來自那一家的影響。何況以禪宗的說法，思想不僅是自由的，而且是自己的，即使我因讀《老子》而大悟，但所悟的，並不是老子的東西，而是自家的珍寶。陸象山曾說：

宇宙便是吾心，吾心便是宇宙。東海有聖人出焉，此心同也，此理同也，千百世之上，有聖人出焉，此心同也，此理同也，千百世之下，有聖人出焉，此心同也，此理同也。

禪宗所傳的，也不外於這個心，這個理。所以儘管在禪學中我們可以找到許多有關老子的思想和文句，儘管在隋唐以後，老子的形上思想卻在禪學中開花結果。但為了強調它們都是中國思想的流變，為了尊重禪宗獨立的風格，我們卻說它們像兩株插在同一塊泥土中的花朵，像兩個頻率相同的音叉一樣，自然是血統相似，音聲相和的了。

# 第七章　禪學與莊子思想的比較

前面，我們已看過禪學與老子思想的比較，不過老子的思想理趣閒寂，欠缺熱情；它之所以能鼓舞禪學，主要的還是透過生動活潑，熱情洋溢的莊子思想。因為像後代禪宗那種殺貓斬蛇，拳打腳踢的潑辣作風，和揚眉瞬目、寸絲不掛的豪情逸趣，也只有與莊子的恣縱不儻、鼓盆而歌，可以齊聲合唱。所以儘管禪學與老子思想的關係是非常密切的，但從其所表現的風格和態度來看，禪宗的一舉一動，卻無異是與莊子唱雙簧了。

現在我們接著再看看禪學與莊子思想的關係：

## 一、莊子思想的曲解

歷來對莊子思想的看法，也有許多曲解。他們都像用一面凹凸不平的鏡子去透視，總是把莊子思想的某一點特別擴大或拉長，以致失去了原有的面目。如：

## (一)《莊子》是《老子》的註疏

憨山德清曾說：

《莊子》一書，乃《老子》之註疏，予嘗謂老子之有莊，如孔之有孟，若悟徹老子之道，後觀此書，全從彼中變化出來。（憨山《莊子內篇註》卷一）

這幾乎是一般傳統的看法。其實莊子雖為老子的後人，雖受老子的影響，但仍有他獨立的思想；而且他的創見，也遠比他得自老子的，更為精彩。譬如在《莊子》書中，無論直接引證或間接採用老子思想的地方，都是在〈胠篋〉、〈在宥〉、〈達生〉、〈山木〉、〈田子方〉、〈天道〉、〈知北遊〉、〈庚桑楚〉、〈天下〉等篇中，這些都屬於外篇及雜篇，顯然不是莊子思想的精華；而且所談的，多半涉及變道，也不是莊子思想的最高境界。如果我們再把老莊思想作一簡略的比較，將可發現：

老子明理，由理以入道；莊子明心，從心以適道。

老子善守，守弱以致用；莊子善忘，寓忘以順化。

老子貴變，重時空之運用；莊子貴齊，渾時空於一體。

老子重聖治，猶未忘權變之機；莊子重神化，已入逍遙之境。

從這些比較看來，莊子思想也自有其勝場，我們與其說他是老子的註疏，還不如說他們共同是宇宙至理，人生大道的註疏。否則我們抬高了老子的地位，卻壓低了莊子的價值，這完全有失於公平和客觀。

## (二)《莊子》是衰世之書

有許多學者以為《莊子》是衰世之書，對《莊子》有特殊研究的人都在衰世，固然，我們不否認莊子是興於衰世；但卻不承認《莊子》是一部衰世之書。因為中國思想成於憂患意識，諸子百家都是由救世而起。如果說《莊子》是衰世之書；那麼孔孟墨荀老韓，與莊子同一時代，同一心情，又有那一部不是衰世之書。如果說對《莊子》有研究的人，都在衰世，那麼就以孔孟之學為例，歷代讀孔孟有心得的人，絕不是漢唐盛世那些為朝廷所祿用的註疏家；而是迫於國勢衰替，痛於亡國之根的兩宋及晚明諸儒。由此可見單稱《莊子》為衰世之書，實在不夠平允。

至於我們之所以說它是一種曲解，乃是因為這「衰世之書」四字，暗指著該書為衰世而作，含有出世之想，足以使變亂之人心，一飲而醉。其實莊子所談的問題，都是人類永恆的問題，即使在盛平之世，人心仍然受生死、是非、貴賤、禍福等的困擾。所以《莊子》一書，並非發洩衰世的悲愴情緒，而是醫治人心的衰頹與失望。明瞭到這一層，我們便不至於像魏晉名士一樣，把莊子當作酒精來解愁遣悶了。

## ㈢莊子是某一論派

近人研究莊子常以西洋哲學上的許多論派，加在莊子身上，如懷疑論、進化論、宿命論、虛無論等。其實這都是拿莊子思想中的一二點來比附，就像瞎子捫象一樣，只摸到一端，而不知全貌。

先以懷疑論來說，他們的特色是：「主張正確純粹之知識為不可能建立，所謂以『無有可知』為說者」（吳康《哲學大綱》第三章）。這完全是以一種否定的態度，認為人生沒有正確純粹的真知。雖然莊子也批評一般知識的不可靠，但對於真知卻是肯定的，他曾說：

夢飲酒者，旦而哭泣；夢哭泣者，旦而田獵。方其夢也，不知其夢也，夢之中，又占其夢焉，覺而後知其夢也。且有大覺，而後知其大夢也。而愚者自以為覺，竊竊然知之，君乎？牧乎？固哉（註：分君分臣，明貴明賤，實在淺薄啊）！《莊子・齊物論》

從這段話中，可見莊子所推崇的是大知大覺的境界，這與懷疑論的躲在暗無天日的「不可知」中，是大不相同的了。

其次，把莊子當作進化論者，這似乎是胡適的傑作。他在「《莊子》書中的生物進化論」一標題下，引證《莊子》的一段話：

萬物皆種也（註：此「種」字應解為種子或生元），以不同形相禪，始卒若環，莫得其倫，是為天均。《莊子・寓言》

接著說：

「萬物皆種也，以不同形相禪」，這十一個字竟是一篇物種由來。他說萬物本來是同一類，後來才變成各種「不同形」的物類。卻又並不是一起首就同時變成了各種物類。這些物類都是一代一代的進化出來的，所以說：「以不同形相禪」。（胡適《中國古代哲學史》）

其實莊子是以齊物論的眼光來看宇宙人生的變化。認為萬物都是生元，其所不同的只是在外形上的互相轉變罷了，而且這種轉變是循著圓環的軌跡：「萬物云云，各復其根。」（《莊子．在宥》）顯然這與進化論的直線發展是大不相同的，更何況進化論是用科學的方法，觀察自然；而莊子卻是以哲學的眼光，欣賞自然。所以把莊子放在進化論中，實是風馬牛不相及的了。

再者，把莊子當作宿命論，這也是一種誤解。因為宿命論者認為：

宇宙間一切事象都有一定，是由上帝或神所支配。非人類所能自主。蓋唯物主義

哲學家多傾向宿命論，有極少數唯心主義哲學家也贊成此說。（《哲學大辭典》）

雖然莊子在〈大宗師〉一文的末尾曾借子桑之口說：

> 天地豈私貧我哉！求其為之者而弗可得也，然而至此極者，命也夫！

這似乎有點宿命論的味道。其實宿命論者身處窮困，相信命中註定窮困，不自振奮；同時對於窮困之苦，雖想自遣，卻並沒有解脫之法。但莊子卻不然，他不像宿命論一樣，以窮困為痛苦，只得委之於命。他乃是根本上不以窮困為痛苦，寧願「曳尾於塗中」，而不願做楚國的宰相。尤其他極力渲染人可昇華為神人，根本不受宿命的限制。所以他的思想不是宿命，而是超命的。

最後，把莊子當作虛無論，這也是一般人易犯的誤解，因為莊子曾說：

> 及至聖人，蹩躠（註：跛行貌）為仁，踶跂（註：急行貌）為義，而天下始疑矣！澶漫（註：放縱也）為樂，摘僻（註：煩瑣也）為禮，而天下始分矣！故純樸不殘，孰為犧尊（註：宗廟之祭器），白玉不毀，孰為珪璋（註：玉器也），道德不廢，安

取仁義，性情不離，安用禮樂，夫殘樸以為器，工匠之罪也；毀道德以為仁義，聖人之過也。《莊子・馬蹄》

這段話顯然是老子「絕聖棄智」、「絕仁棄義」的發揮，在表面上看來，莊子大罵仁義，痛斥禮樂，有點類似西洋所謂的虛無主義，放任政治；但實際上，他只是反對人為，崇尚自然。仍以素樸為依歸，道德為前提；絕不虛無，也不放任。所以拿虛無論來衡量莊子思想，自不免失去了莊子推崇至德至性的真意。

前面我們已略舉一般對莊子思想的曲解，而我們之所以要排除這些曲解，就是為了使莊子不再作老子的附庸，不再被塗上出世的色彩，不再為各種論派所肢解，而還他一個獨立的，熱情的，完整的本來面目。

## 二、莊子思想的精神

莊子的思想路線固然和老子的一樣，都是追求常道，崇尚自然，遊心恬淡的；但以活動的方面來說，莊子的思想卻比老子的更為遼闊，更為多彩多姿。因為老子所談的，都是冷冰冰的理，「以深為根，以約為紀」（《莊子・天下》），自然比較收斂和凝縮。而莊子所表達的，乃是活潑潑，如大鵬，似野馬般的心，因此不得不「以謬悠之說，荒唐之言，無端崖之辭」（《莊子・天下》），來極盡飛揚高舉之能事。如果我們把老子比作一篇樸實無華，思路嚴密的散文；那麼莊子該是一篇想像豐富，扣人心弦的詩歌了。

現在我們就欣賞一下莊子的這首詩歌吧！

## (一)化者，道之體

莊子和老子的思想路線既然相同，那麼他們的道體並無二致，為什麼我們在這裡又以「化」字作為莊子思想的道體呢？這是因為莊子的思想渾然一體，直把人生融入整個宇宙的變化之中，所以用「化」字來寫他的道體，遠比這個「常」字更能得莊子思想跳躍飛揚的一面。

在莊子的眼中，人生是宇宙大化裡的一環。宇宙的變化是無休無止的，而人生的變化卻是有生有滅的，這便是我們的悲哀，正如他所說：

一受其成形，不亡以待盡，與物相刃相靡，其行盡如馳，而莫之能止，不亦悲乎！終身役役，而不見其成功，苶然疲役，而不知其所歸，可不哀邪！人謂之不死奚益，其形化，其心與之然，可不謂大哀乎！（《莊子・齊物論》）

這個悲哀之所以構成，主要是在於「其形化，其心與之然」。這也就是說：形體由生至死的變化，本是不得已的；如果我們的心也隨著形體由生至死而變化，那便是心隨形亡，正是所謂「哀莫大於心死」了。

可是如何才能面對形體的「行盡如馳」，而使心意超然呢？這也是在於「其形化，其心與之然」。不過這裡的「其心與之然」，與前面的解釋不同，而是說我們的心領悟形體的變化是自然如此的，絕無厭惡悔恨之意。正如莊子描寫的一段寓言：

支離叔與滑介叔（註：兩者皆為寓言中之人物，支離喻忘形，滑介喻妄智），觀於冥伯之丘，崑崙之虛，黃帝之所休，俄而柳（註：即瘤也）生其左肘，其意蹶蹶然惡之。支離叔曰：「子惡之乎？」滑介叔曰：「亡。」予何惡，生者假借也，假之而生。生者塵垢也。死生為晝夜。且吾與子觀化，而化及我，我又何惡焉。（《莊

子・至樂》）

這就是說：我們不要在觀看宇宙變化時，讚歎造物的偉大；可是回顧自身的變化時，又怨恨造物的弄人。要了解我們自身的變化，是和宇宙的變化同一呼吸的。唯有從這同一呼吸中，把自身和宇宙渾成了一體，這才是永恆的生命，絕對的道體。而這個具有永恆生命的絕對道體，也就是一種化境。

莊子的這種化境，可以從三方面來透視。

一是自化。他說：

> 物之生也，若驟若馳，無動而不變，無時而不移，何為乎？何不為乎？夫固將自化。（《莊子・秋水》）

這是指宇宙萬物的變動，都是自來自去，自生自滅的；其間並沒有什麼目的，也沒有什麼安排，而是順其自然如此。這就是所謂的自化。由於莊子的化境是即萬物的自化，因此這個道體也是「無乎逃物」、「無所不在」（《莊子・知北遊》）的。

其次是物化。在〈齊物論〉的結尾有一段美麗的描寫：

昔者莊周夢為胡蝶，栩栩然胡蝶也，自喻適志與，不知周也。俄然覺，則蘧蘧然周也。不知周之夢為胡蝶與，胡蝶之夢為周與。周與胡蝶，則必有分矣。此之謂物化。（《莊子・齊物論》）

這段描寫，並不是莊子的白日痴夢，而是他思想上的一個重要關鍵。因為前面的「自化」，是寫萬物的自然變化，也即是對「物自體」的肯定；而這裡的「物化」，卻是打破了「物自體」的鐵壁，使我們的生命在自然變化中昇華，與萬物同化，和宇宙合流。

最後是神化。這是物化後的向上昇華。他在〈逍遙遊〉中曾描寫神人說：

藐（註：遠也）姑射（註：神話中之山名）之山，有神人居焉，肌膚若冰雪，綽約若處子，不食五穀，吸風飲露；乘雲氣，御飛龍，而遊乎四海之外，其神凝，使物不疵癘（註：病也），而年穀熟。（《莊子・逍遙遊》）

這雖然是一段寓言，但寓言正有其寓意。這個寓意中所指的神人，乃是和至人、真人一樣，在本質上都是人，只是在境界上已進入了化域。也就是說，在這個時候，人完全精神化，而和道體融合無間。所以在這裡，我們可以看出莊子的化，由自化、物化，而至神化，已把人的有限生命，納入了自然的永恆軌道。達到「天地與我並生（註：共長遠），而萬物與我為一（註：為一體）」的境界。

## (二)齊者，道之動

莊子的道之體，徹底打通了物我、人天的間隔，呈現出一片絕對平等的化境；而他的道之動，便像一隻怒飛的大鵬，要掙脫人間的一切差別現象，「絕雲氣，負青天」，直上化境。這一怒飛直上的動力，便是一個「齊」字。

在莊子的眼中，人間的一切差別現象，如生死、是非、成毀、榮辱、禍福等，都是由於我們的偏見執著所形成的，他說：

> 以道觀之，物無貴賤；以物（註：萬物本身）觀之，自貴而相賤（註：以自己為貴，別人為賤），以俗（註：一般人心）觀之，貴賤不在己（註：貴賤是外在的，可以追

求），以差觀之，因其所大而大之，則萬物莫不大，因其所小而小之，則萬物莫不小，知天地之為稊米也，知豪末（註：毫毛的尖端）之為丘山也，則差數等矣！以功（註：功用）觀之，因其所有而有之，則萬物莫不有，因其所無而無之，則萬物莫不無，知東西之相反，而不可以相無，則功分定矣，以趣（註：成見）觀之，因其所然而然之，則萬物莫不然，因其所非而非之，則萬物莫不非，知堯桀之自然而相非，則趣操睹矣。（《莊子・秋水》）

這一大段話，把差別現象分析得很清楚，所謂「自其異者視之，肝膽楚越也；自其同者視之，萬物皆一也」（《莊子・德充符》），這異者，就是每個人的不同角度，不同觀點，而這同者，只有一個，就是道。所以萬物儘管形形色色，千差萬別，只要被道的還原鏡一照，便都顯出原形，畢同畢似。

然而這並不是說，道有什麼特殊的功能，可以使萬物畢同畢似；而是萬物的發展，都含有「齊」的因子，所以自然而然的會走上相同的路子。這正如我們每個人的發展，固然各不相同，但這個發展的因子是從無生而來，又向無生而去，葉落歸根，人死入土，總是相同。所以道並沒有使萬物齊，而是萬物自齊。這個自齊的，便是道。

萬物固然是自齊的，但我們往往看不到這個自齊的一面。總是執著於一點，知往而不知返，知異而不知同，因此才有愛生惡死、喜是厭非、求成避毀、尊榮捨辱、召福除禍等攀援之心；也就有是非混淆、求生不得、求成反毀、尊榮榮不至、除禍禍偏來的煩惱與痛苦。為了徹底掙脫這一癥結，所以莊子要我們好好把握這個道之動——齊。他一再的強調說：

胡不直使彼以死生為一條，以可不可為一貫者，解其桎梏。（《莊子‧德充符》）

故有儒墨之是非，以是其所非，而非其所是。欲是其所非，而非其所是，則莫若以明（註：是非兩忘，而照之於天）。（《莊子‧齊物論》）

其分也，成也；其成也，毀也。凡物無成與毀，復通為一。（《莊子‧齊物論》）

泉涸，魚相與處於陸，相呴以濕，相濡以沫，不如相忘於江湖。與其譽堯而非桀，不如兩忘而化其道。（《莊子‧大宗師》）

動不知所為，行不知所之，身若槁木之枝，而心若死灰矣。若是者，禍亦不至，

福亦不來，禍福無有惡有人災也。（《莊子．庚桑楚》）

從以上幾段徵引中，可見莊子對於生死、是非、成毀、榮辱、禍福等差別現象的態度是，從變中求齊。他所謂一條、一貫，是齊；莫若以明，所明的是齊；道通為一，所通的是齊；榮辱兩忘，禍福雙棄，也就是由於齊。所以莊子的思想，是乘著這個「齊」字，逍遙而遊，直達化境的。

## ㈢忘者，道之用

然而我們究竟要如何以齊去齊人間的不齊呢？問題發展到這裡，顯然已觸及這個令人煩惱的現實了。不過莊子的手法是高明的，他並不是用齊，去勉強的齊其不齊，而是拈出一個「忘」字來，不齊而齊，把整個錯綜複雜的現實，化於無形。

所謂「忘」，並不是閉眼不看，粉飾太平。而是在心性的修養達到某種程度後，自能洞見「萬物一齊」的道理，這時，儘管山河大地，歷歷在目；卻不感覺其有何差別，有何障礙。

莊子的「忘」，也有三套工夫：

一是忘己。忘己並非否定自己的存在，落於虛無空寂，而是掙脫形骸，摒棄成見，使真正的自我，和大道合流。在〈應帝王〉中，莊子曾假託顏回的話說：

> 墮肢體，黜聰明，離形去知，同於大通。此謂坐忘。（《莊子・應帝王》）

坐忘即是「吾喪我」，即是丟掉這個構成假我的形體和意識，使真我自現，和道通而為一，以進入宇宙大流。所以忘己而後自齊，自齊而後自化。

其次是忘物。忘物並非否定外物的存在，認為一切都是觀念意識的作用；而是不因外物影響我們的精神，妨礙我們的逍遙。莊子曾舉了一則庖丁解牛的故事說：

> 臣之所好者，道也，進乎技矣（註：超過了技術）。始臣之解牛之時，所見無非牛者，三年之後，未嘗見全牛也。方今之時，臣以神遇，而不以目視。官知止（註：感官之知覺停止不用）而神欲行，依乎天理，批大卻（註：骨肉之間隙），道大窾（註：骨節之空處），因其固然，技經（註：脈管也）肯綮（註：骨肉相結也）之未嘗，而

況大軱（註：大骨也）乎。（《莊子・養生主》）

這段庖丁之言，說明我們在忘己後，就像那把刀刃的無厚，入於萬物的有間，自然是「恢恢乎，其於遊刃，必有餘地矣」！這時，所見而非全物，化蝴蝶、化鼠肝、化蟲臂，也自能隨心所欲了。所以忘物而後物齊，物齊而後物化。

最後是忘適。在忘物忘己之後，外無障礙，內無憂患，便能逍遙自在，無所不適了。但如果著意要忘，一心求適，反而又多了一種執著。莊子曾說：

忘足，履之適也；忘腰，帶之適也；知忘是非，心之適也；不內變（註：內心之欲不起），不外從（註：不為外物所惑），事會之適也；始乎適而未嘗不適者，忘適之適也。（《莊子・達生》）

可見忘到了最後，不僅是忘物、忘己；而且根本上，連這個要「忘」的念頭也忘了，連這個要「適」的感覺也忘了，這才是真正的忘，真正的適。所以忘適，便能不齊而齊，便能進入神化的境界。

綜觀莊子的這套「忘」的工夫，可以說是一種非常高明的處世方法。這種方法，既不同於佛教的解脫，著重持戒；也不同於老子的應變，強調守弱；而是徹底的順乎自然。他曾借一位隱者的口氣說：

> 予何惡？浸假（註：假使）而化予之左臂以為雞，予因以求時夜（註：即晨啼也）；浸假而化予之右臂以為彈，予因以求鴞炙（註：烤小鳩也）；浸假而化予之尻（註：尾脊骨）以為輪，以神為馬，予因以乘之，豈更駕哉？且夫得者時也，失者順也，安時而處順，哀樂不能入也，此古之所謂懸解也（註：解倒懸也）。（《莊子・大宗師》）

所謂懸解，就是解脫之意。不過莊子的這種解脫，並不是企求任何外在的法，而是在於明白萬物一「齊」之理後，能夠安於外境，與時俱「化」，便自然的不解而解，不脫而脫了。

以上，我們用「化」，寫道之體；用「齊」，寫道之動；用「忘」，寫道之用，只是方便的說法而已。其實以莊子的思想來論，這「化」、「齊」、「忘」三者，本是不可分的。

固然是忘而後，就能齊，就能化；但也必須化而後，才能齊，才能忘。如果只把「忘」當作一種方法來追求，而流於後代道教的寶精行氣，燒鉛煉汞，便完全違背了莊子的精神。

## 三、禪境與化境

莊子的化境是由自化、物化，而至神化；把人和自然合為一體，所顯露的絕對生命。在〈秋水〉篇中，他曾寫下一段相傳已久的美談：

莊子與惠子，遊於濠梁（註：濠水之橋梁）之上。莊子曰：「儵魚出游從容，是魚之樂也。」惠子曰：「子非魚，安知魚之樂？」莊子曰：「子非我，安知我不知魚之樂？」惠子曰：「我非子，固不知子矣；子固非魚也，子之不知魚之樂，全矣！」莊子曰：「請循其本，子曰：『汝安知魚樂』云者，既已知吾知之而問我，我知之濠上也。」（《莊子．秋水》）

這段辯論中，最重要的一句話就是「我知之濠上也」。為什麼莊子在濠上遊得很快樂，便以為魚兒在濠下也游得很快樂呢？這是惠施所不得其解的地方，因為惠施擅長辨析，始終把物我分開。殊不知莊子已入物我一體的境界，他在濠梁上所感覺的快樂，正是得之於魚兒在濠下的悠游自在。魚和莊子的各得其樂，這是自化；莊子因魚之樂而樂，因己之樂而推知魚之樂，這是物化；濠上濠下不分，一片逍遙之樂，這是神化。所以莊子的「我知之濠上也」，完全是一種化境的體悟。

禪學的境界，正是相同於莊子的這種化境。

在禪宗的眼裡，整個宇宙都是生命的流露。山高水低，花紅柳綠，莫不是禪；熱即取涼，寒即向火，無非是道。所以靈雲志勤見桃花而大悟說：

三十年來尋劍客（註：即求道也），幾回落葉又抽枝，自從一見桃花後，直到如今更不疑。

香嚴智閑也因拋瓦擊竹，聞聲而入道說：

> 一擊忘所知，更不假修持，動容揚古路（註：一舉一動都是大道），不墮悄然機（註：不落於刻意的冥想），處處無蹤跡，聲色外威儀（註：聲色自然而無威儀），諸方達道者，咸言上上機。

他們見桃花、聞竹聲所悟的，乃是這個「法爾自然」的境界。雖然他們以前也許曾看過無數次的桃花；曾聽過無數次瓦礫擊竹的聲音，但都視作毫無意義的外境，並未因此以悟入。而這一次看到了桃花的鮮美，觸動了靈機，才體認到生命的自然流露；聽到了竹聲的破空，震開了心扉，才體悟到萬籟的本自圓成。

這種自然流露，本自圓成，就是一種自化的境界。

在禪學裡有一句名言，就是「本來面目」。後代的禪宗往往把這「本來面目」直截解作真我，譬如清朝有位湛愚老人在所著《心燈錄》中說：

> 祖與惠明曰：「汝既為法來，可屏息諸緣，勿生一念，吾為汝說。」要知諸緣不息，亦是我；然此乃生滅之我，非真我也。令其勿生一念，則不生不滅之真我顯矣。因其良久，遂直示之曰：「不思善，不思惡，於此無念之時，即你不生不滅

之真我也。」（湛愚老人《心燈錄》卷二）

在這裡，湛愚老人把《六祖壇經》中，「那個是明上座本來面目」，改為「即你不生不滅之真我也」。顯然是為了配合他在整部《心燈錄》中所強調的這個「我」，如他說：

> 自無始以來，衹有一我，生天生地，生萬物，生佛生眾生，並無物能生此我者，故此我無所從來。既無所從來，則無所去。在古在今，鎮然一我而已，人能一悟此我，則入為恆河沙佛中之一佛，豈不快哉。（湛愚老人《心燈錄》卷三）

這樣一來，不免要走入了唯心論的路子。其實慧能當時的意思是問：「那個是你自家的本來面目？」這是一個問話，並沒有說無念之時，就是真我；而是要惠明在離善捨惡之時，去參什麼是他自己的本來面目。

要參這個本來面目，雖然以禪宗的說法，是直下承當，非常簡便。但事實上，在這頓悟的一剎那間，卻有許多必要的條件。

首先應了解萬物自化的道理，認清萬物各有其本來面目。所謂「青青翠竹盡是法身，鬱鬱黃花無非般若」，關於這兩句話，慧忠曾有一段精闢的解釋：

此蓋普賢文殊（註：釋迦身旁之二佛，普賢主理，文殊主智）境界，非諸凡小而能信受。皆與大乘了義經意合。故《華嚴經》云：佛身充滿於法界，普現一切群生前，隨緣赴感，靡不周而常處，此菩提座。翠竹既不出於法界，豈非法身乎？又《般若經》云：色（註：物也）無邊，故般若亦無邊，黃花既不越於色，豈非般若乎？深遠之言，不省者，難為措意。（《指月錄》卷六）

這簡直等於莊子的「道無所不在」論了。因為禪的精神本是建立在絕對平等的基礎上，物和我都是共一法身，同一般若。所以青青翠竹莫不是禪，鬱鬱黃花無非是道。

後來慧海曾有翻案文章說：

法身無象，應翠竹以成形，般若無知，對黃花而顯相。非彼黃花翠竹而有般若法身。故經云：佛真法身，猶如虛空，應物現形，如水中月，黃花若是般若，般若即同無情，翠竹若是法身，翠竹還能應用？（《指月錄》卷六）

慧海這段話，在根本上，與慧忠的並無出入，也認為法身般若無所不在，只是慧忠有點偏重自化，直截的說黃花翠竹即是般若法身；而慧海有點偏重物化，以為黃花翠竹乃是般若法身的現形。其實，它們共沐於般若法身的性海之中，正像波之於水，說它們是水，固然可以；說它們是水之現形，也並無不可。

至於我們說慧海有點偏於物化，這是因為莊子物化的觀念乃是指我們忘於道術之後，自可和物共遊而無間隔。同樣慧海以為外物都是般若法身的現形，那麼我們證入般若法身後，豈非也可以入黃花翠竹而無障礙。

慧能所謂「本來無一物」，就是基於這種物化的境界。因為慧能並不是否定物的存在，而是打破物的障礙性和可執性，把物提昇到般若性海中，所以他說本來無一物，即是說本來都是般若，並無一物可著。

不過在這裡我們要認清的是，禪學的這種物化，不是以我去變化萬物，走入唯心論的路子；而是把物和人提昇入性海中，使他們共化。其實莊子的物化也是如此，雖然是莊子去夢蝴蝶，但其間還必須透過一個夢境，這個夢境的襯托，說明了不是莊子可以變蝴蝶，而是在相忘於道術之後，莊子與蝴蝶可以共遊同化。

這種共遊同化，正是禪的境界。唯有以這種境界為基礎，才能在自然樸素的畫面上，顯現出我們的本來面目；也才能擺脫軀殼，證入絕對的生命，使我們神化。

禪學裡的神化，並不是指六通具足，昇天成佛；而是指無為自然，逍遙於化境。正如義玄所說：

真學道人並不取佛，不取菩薩、羅漢，不取三界殊勝，迥然獨脫，不與物拘。乾坤倒覆，我更不疑。十方（註：十個方位）諸佛現前，無一念心喜；三塗（註：火、刀、血等三塗）地獄頓現，無一念心怖。緣何如此？我見諸佛空相，變即有，不變即無。三界惟心，萬法惟識，所以夢幻空華，何勞把捉，惟有道流目前現今聽法底人，入火不燒，入水不溺，入三塗地獄，如游園觀，入餓鬼畜生，而不受報。緣何如此？無嫌底法。你若愛聖憎凡，生死海裡沉浮，煩惱由心故有，無心煩惱何拘，不勞分別取相，自然得道須臾。你擬傍家波波地學得，於三祇劫中終歸生死，不如無事，向叢林中，床角頭交腳坐。（《指月錄》卷十四）

這種「入火不燒，入水不溺」的境界，並不是神通；而是指我們在「迥然獨脫，不與物拘」之後，便進入了神化的境界。這時，心如明鏡，「胡來胡現，漢來漢現」（義存語），內對諸己，無一法可執；外照萬象，無一物可礙，真個是內外通透，自在逍遙了。

在《景德傳燈錄》中，曾有一段故事：

> 陸亘大夫向師（普願）道：「肇法師甚奇怪，道萬物同根，是非一體。」師指庭前牡丹花云：「大夫，時人見此一株花，如夢相似。」（《景德傳燈錄》卷八）

普願的意思是說：一般人外對萬物，如夢中看花，總是隔著一層；而一個真正逍遙於化境的禪家，卻是「宴坐水月道場，修習空華萬行」。與莊子遊濠之樂一樣，直把生命滲入花中，與花一齊舒展，一齊開放，所以見得分明，知得親切。

從以上所述，可見禪道完全是一種「化」的境界，完全是把個體的生命化入了絕對的生命之中。這一絕對生命，即是本來面目，也即是莊子的「天地與我並生，而萬物與我為一」，僧肇的「物我同根，是非一氣」的境界。

# 四、「忘」字的妙用

莊子入道的工夫在於一個「忘」字；而禪學頓悟的法門也就在於這個「忘」字。禪學是以「不立文字，教外別傳」為宗旨的；其所以強調「不立」，高唱「別傳」，乃是由於慧能等中國和尚開出了一個頓悟的法門，使得禪宗可以不賴文字，不靠經教，從自心自性中，一超以直入。

這個頓悟法門雖是禪宗所獨創，用來當作與傳統佛學對抗的標誌；但我們如果分析其內容，卻發現和莊子的「忘」字有著密切的關係。

莊子的「忘」，由忘己、忘物，而至忘適。是把整個的心念意識，一齊放卻。但這並不是消極的躲避，而是另有其積極的目標。如〈大宗師〉中曾描寫說：

吾猶守而告之，三日，而後能外天下。已外天下矣，吾又守之七日，而後能外物。已外物矣，吾又守之九日，而後能外生。已外生矣，而後能朝徹（註：徹悟也），

朝徹而後能見獨（註：獨者，絕對也）。見獨而後能無古今。無古今而後能入於不死不生。（《莊子．大宗師》）

莊子這段話中最值得注意的是朝徹和見獨。依據憨山的註解是：

朝，平旦也；徹，朗徹也。謂已外生，則忽然朗悟，如睡夢覺，故曰朝徹。（憨山《莊子內篇註》）

獨，謂悟一真之性，不屬形骸，故曰見獨。（憨山《莊子內篇註》）

朝徹既是「忽然朗悟」，見獨既是「悟一真之性」，這豈不是與禪學的頓悟法門相去不遠了？事實上，正因為相去不遠，所以莊子強調的這個「忘」字，在禪學的運用中，幾乎成了頓悟法門的一把最重要的鑰匙。

關於頓悟法門，神會曾有一段詳盡的描寫：

事須理智兼釋，謂之頓悟。並不由階漸，自然是頓悟義。自心從本已來空寂者，是頓悟。即心無所得者為頓悟。即心是道為頓悟。即心無所住為頓悟。存法悟心，心無所得，是頓悟。知一切法是一切法，為頓悟。聞說空不著空，即不取不空，是頓悟。聞說我，不落（我），即不取無我，是頓悟。不捨生死而入涅槃，是頓悟。

（敦煌出土之《神會語錄》）

神會這段話似有煩雜之嫌。我們之所以引錄於此，是因為在「不立文字」的禪學中，難得像他這樣不厭其煩的替「頓悟」兩字下定義。其實他的思想多半承自慧能，如果我們把他這段話歸納，可以得到三點；而這三點也正是慧能開創頓教的三根柱石：

## (一)自性原清淨

慧能在《壇經》中開頭便告訴大家說：

菩提自性，本來清淨，但用此心，直了成佛。（《六祖壇經・自序品》）

這便是頓教的第一聲號角，因為傳統佛學中，常對佛、我、自性三者的意義混淆不清。總是把自性當作我，把佛看作超越了自性的另一境界。其實這個「我」，固然都是指形骸或意識的「我」，但自性卻是在形骸之外，意識之前早已存在的真我，即是本來面目，也就是佛。所以自性和佛是不可分的。但每個人都有自性，卻未必都能成佛，這乃是由於被形骸和意識我所障蔽。因此要證取這個真我以成佛，便必須打破形骸和意識我，而還歸清淨的自性。這也就是莊子所謂的「吾喪我」（《莊子．齊物論》）。

喪我即是忘我。禪學的頓悟法門也是由忘我以入道的。試看希運所說：

學道人勿疑四大（註：地水火風）為身。四大無我，我亦無主，故知此身無我亦無主；五陰（註：色、受、想、行、識）無我亦無主，故知此心無我亦無主。六根（註：眼、耳、鼻、舌、身、意）六塵六識和合生滅，亦復如是。十八界既空，一切皆空，唯有本心，蕩然清淨，……佛惟直下頓了自心，本來是佛，無一法可得，無一行可修，此是無上道，此是真如佛。學道之人只怕一念有，即與道隔矣！念念無相，念念無為，即是佛。學道人若欲得成佛，一切佛法總不用學，惟學無求無著，無求則心不生，無著則心不染，不生不染即是佛。（希運〈傳心法要〉）

四大五蘊的無我，這是一般佛學所共認的；唯禪學思想的特殊，乃是由本心蕩然清淨，以強調「無一行可修」、「一切佛法總不用學」，而至於認無為、無求即是佛。這一特殊的色彩，可說是完全得之於忘我的境界；因為唯有忘我，才能無為無求，才能使此心蕩然清淨。

## ㈡本來無一物

慧能最著名的一首偈子是：

菩提本無樹，明鏡亦非臺，本來無一物，何處惹塵埃。

這首偈子被認作慧能頓悟思想的代表。其中「本來無一物」句，乃畫龍點睛之筆，不僅是慧能思想的眼目，而且也是整個禪學思想的眼目。

慧能說了這句警語，乃是針對神秀的「時時勤拂拭」而發。他認為身本來就是菩提，心本來就如明鏡，都是不著、不染的。如果不幸而惹了塵埃，這是鏡面的緣故，與明鏡的照用毫無關係。神秀一味在鏡面上拂拭，自然不是見道之言。因為此心是明鏡之體，而非明鏡之面。如果把此心看作鏡面，實無異於先承認了此心有被染著的可能，然後又拚命的去拂拭，這豈不是庸人自擾？即使朝朝勤拂拭，卻仍然是朝朝塵還生，這豈不是徒勞無功？這樣下去，形與影競走，永遠為塵境所困，而無法解脫，所以慧能直說「本來無一物」，以明此心不是物，自然的不染、不著。

這種「本來無一物」的思想，對後代禪宗的影響很大。如《景德傳燈錄》中記載：

> 大顛問師（希遷）：「古人云：道有道無是二謗，請師除。」師曰：「一物亦無，除個什麼。」（《景德傳燈錄》卷十四）
>
> （慧海）初至江西參馬祖，祖問曰：「從何處來？」曰：「越州大雲寺來」。祖曰：「來此擬須何事？」曰：「來求佛法」。祖曰：「自家寶藏不顧，拋家散走作什麼？我這裡一物也無，求什麼佛法」。（《景德傳燈錄》卷六）

道一和希遷所說的「一物也無」，顯然是得之於慧能的「本來無一物」。他們的目的都是在於勸告大家不要把佛法當作一物來追求。如果我們念念不忘佛法，便念念把佛法看成了物。這樣非但不能解脫物的迷執，而且更平添法的束縛。所以禪宗為了避免物累，先求心不附物，如良价曾說：

夫出家之人，心不附物，是真修行，勞生息死，於悲何有。《景德傳燈錄》卷十五）

良价這段話和莊子的口氣甚為相似。所謂心不附物，也即是忘物的意思。忘物而後才能進入「本來無一物」，自由自在，無滯無礙的境界。

## (三)煩惱即菩提

前面「自性原清淨」、「本來無一物」兩點，猶只是消極的破我、物二執；而禪的最大特色，最富有創造精神的一面，乃是在慧能所說的：

煩惱即菩提。《六祖壇經·般若品》

這句話的作用有二。一在「忘」，一在「化」。

先看「忘」的一面，如希運所說：

虛空與法身無異相，佛與眾生無異相，生死涅槃無異相，煩惱菩提無異相，離一切相即是佛。凡夫取境，道人取心。心境雙忘，乃是真法。忘境猶易，忘心至難，人不敢忘心，是恐落空，無撈摸處，不知空本無空，唯一真界耳。（希運〈傳心法要〉）

這是要我們心境雙離，煩惱與菩提兼忘。因為一有煩惱與菩提的分別，便是煩惱，便不能證取菩提，所以必須兼忘。這與莊子的是非兩忘正好相同。但莊子在兩忘之後，接著要「化其道」；同樣，禪學在心境雙離之後，更要直入化境。正如性空的一首詩偈：

心法雙忘猶隔妄，色空不二尚餘塵，百鳥不來春又過，不知誰是住庵人。

可見心法雙忘還不夠究竟，直到不露一點神通，連這個「住庵」的真人也忘掉了，才真正進入萬象自如，一塵不染的化境。

這種境界同於莊子的忘適。忘適而後才能無所不適。才能「不譴是非，以與世俗處」。所以禪的真精神不是常求菩提，常住涅槃。相反的，卻是不避煩惱，不離生死。因為離了煩惱便無菩提可證，離了生死便無涅槃可住。所以禪的境界，不僅是入地獄、救眾生；

而且在牛糞裡渡夏，尚感覺得其樂無窮。

青原惟信有一次對學僧說：

老僧三十年前未參禪時，見山是山，見水是水。及至後來親見知識，有個入處，見山不是山，見水不是水。而今得個休歇處，依前見山祗是山，見水祗是水。（《指月錄》卷二十八）

其實山仍然是山，水仍然是水，並無變動。而惟信之所以有這三種見解，乃是由於悟道有深淺的不同。在未參禪時的「見山是山，見水是水」，乃是用意識看自己，用肉眼見萬物，因此不免執於我識，滯於物境，未能內外通透。後來心有所悟時的「見山不是山，見水不是水」，已接觸到忘境，這時，既然非山非水，忘了外物，同時也相對的忘了自己。但忘境只是運用上的過渡境界，不能常住。因為一住於忘，便易落空。所以真正忘了以後，便必須立刻能化。因此最後的「見山祗是山，見水祗是水」，乃是在變成真人之後所得的真知。這時，見山自己就是山，見水自己便是水，不忘而自忘，完全進入莊子所謂「同於大通」的化境。

從以上三點看來，禪學頓悟法門與莊子「忘」的工夫，實有非常密切的關係。慧忠曾和學生討論過與這相似的問題：

曰：「如何是一念相應？」師（慧忠）曰：「憶智俱忘，即是相應」。曰：「憶智俱忘，誰見諸佛」。師曰：「忘即無，無即佛」。曰：「無即言無，何得喚作佛？」師曰：「無亦空，佛亦空，故曰：無即佛，佛即無」。（《景德傳燈錄》卷二十八）

這裡的「忘即無，無即佛」，正寫出了由忘而知「本來無一物」，由「本來無一物」而頓悟成佛的過程。所以這個「忘」字的妙用，可以說是頓悟法門的前奏，是禪學入道的鑰匙。而這個前奏，這把鑰匙，早在禪學發跡前的一千餘年，已被莊子所彈過、所用過。直到一千餘年後的禪宗，才遇到了知音，才以此而打開心扉，唱出了共鳴的心聲。

# 第八章　禪學與老莊思想的未來

前面，我們已從思想的流變和比較上，看過禪學與老莊之間的密切關係。接著，更須看看在這文化動盪，人心激變的今天，禪學與老莊又如何志同道合的，從過去邁向未來。

禪學與老莊思想的精神，有兩個重要的關鍵。一是嚮往玄祕，一是歸於自然。這兩個關鍵互相銜接，正像鎖和匙。禪學與老莊思想就是用這把玄祕的鎖，封閉了人們的觀念意識，截斷了人類那種以自我感官為中心的傲慢與偏見，使我們發現在所聞所知之外，尚有美麗的世外桃源。這片桃源並非是一個幻影，而是緊鎖在自己的心中，只要打開這把鎖，便可以享受其中的無盡寶藏了。由於這片桃源是被玄祕的鎖，鎖在心中，因此使我們愈感覺到存在的充實與玄祕，也愈要去探索它。這就是禪學與老莊思想所散發的誘人魔力。

但這點玄祕感正像調味品一樣，必須用得適度，過多或過濃了，反而倒盡胃口。一般道教、佛教，及神祕主義就是犯了這個毛病。禪學和老莊卻不然，它們並不是用玄祕的鎖，鎖斷了我們的一切通路，讓我們落入不可知的深淵。而是交給我們一把自然的鑰匙，去打開玄祕的鎖，使我們如遊子的歸家，看到了自己的本來面目。這時，一切神祕的玄想，又都化為平實而意味深長的體驗。

這種玄祕和自然的色彩，在禪學與老莊思想裡，融洽得非常和諧。例如，老子高推不可道、不可名的玄之又玄，可是玄到了最後，仍然是「見素抱樸」，「道法自然」。莊子高唱「絕雲氣，負青天」，「獨與天地精神往來」，可是往來之後，又回歸「無用之用」，「以與世俗處」。禪學高標「言語道斷，心行處滅」的不可思議境界，可是不思議處，正在於著衣吃飯、拉屎送屄的「平常心」。

這玄祕和自然兩種元素的相互為用，構成了禪學與老莊思想的特殊精神和生命力。如果偏於一面，過分強調玄祕或自然，便會使其精神變質，生命力減退。試看老莊思想發展到後來的一變於黃老政術，再變於方士神仙，三變於玄學清談；禪學演變到後來的一流於棒喝的狂禪，再流於空疏的口頭禪，三流於知解的文字禪，這都是由於沒有把握住玄祕和自然的鎖匙。不是失之太玄，便是失之過淺。

禪學與老莊思想的興起，本是為了針砭人們沉溺於意識幻覺上的神祕，和感官本能上的自然；可是禪學與老莊思想的被人誤解和誤用，也正是由於後人不知對症下藥，偏偏以最不自然的方法去追求神祕，或以最無神祕感的方法去揭露自然。結果是淺之又淺，以至於完全和禪與老莊背道而馳。

這一背道而馳，不只是對於禪和老莊的誤解和誤用，而是構成了今日世界文化上的整個危機。

今日世界文化上的危機，乃是在於神祕感的消失，和一切反乎自然。這並不是說人們不再追求神祕，推崇自然。相反的，他們卻是到處探索神祕，高唱自然。可是他們所謂的神祕，只是意識上的幻影；所謂的自然，只是本能上的活動。這種幻影使我們迷失，這種活動使我們麻木。今日世界的文化，便是處此危境。

固然每個時代都有它的黑暗面，和光明面；但今日的文化，無論在宗教、哲學、文藝，以及一般生活上所表現的，不是有過多的迷惘和頹廢，便是過分的傲慢和偏見。

以宗教來說，它對於西方人，簡直是精神上的唯一食糧。在十九世紀以前，可以說整個西方文化是靠宗教的支持，才能穩定，才能綿延。可是曾幾何時，科學帶著望遠鏡、顯微鏡，侵入了宗教的領域，使一般人的信仰發生動搖。本來宗教的神祕境界不是科學所能置喙的。可是今日一般從事宗教，和信仰宗教的人，沒有深入這種境界，因此被科學一沖擊，便把握不住，以至於驚惶失措。宗教之所以收拾不住人心，主要是由於神祕感的消失。因為宗教賴以維繫人心者，是需要一套神祕的力量；可是經過現代科學的洗禮後，人們不免對這套神祕的力量產生懷疑。而一般從事宗教的人深怕科學去抄他們的窩，又故意把宗教的大本營——上帝，用拙劣的方法描述得極度的神奇，以為愈神奇，則科學愈無法觸及。殊不知愈神奇，愈失去了神祕的力量。因為神奇是外加的，而神祕是內心的。上帝必須不離人生，才有其誘人的力量。否則只是空洞的冥想而已。宗教如果不能很超然的去表明它和科學是「道不同，不相為謀」的，而偏要想盡方法去和科學捉迷藏，那便顯示了它們的黔驢技窮了。今日的宗教，便是作著這樣無可奈何的掙扎。

以哲學來說，它本是一切學術的源頭，人類性靈的活泉。可是從十九世紀開始，科學篡了它的位，使它的光榮成為陳跡，使它的身價一落千丈。今天，西方哲學也不再高跨一世，擁有世界精神。相反的，多攀龍附鳳於科學，以圖自存。中國哲學雖則早已深入人心，成為傳家立國的精神，但自科學的洋槍大炮動搖了中國傳統文化的當時，也動搖了中國的哲學。我們檢討哲學在今天之所以失勢，主要原因也不外於神祕感的消失。因為哲學，無論在偏重知識的西方，或偏重人生的中國，都以形而上的境界為根本。形而上的不可思議處正像花蕊的芳香一樣，散發著誘人的神祕魔力，令我們陶醉，引我們追尋。要是沒有這點魔力，我們又如何受得住西方哲學那種枯燥的觀念遊戲，能像柏拉圖一樣視作「高尚的娛樂」；我們又如何承擔得了中國哲學那種嚴肅的道統使命，能像莊子一樣可以「浮遊乎道德」。總之哲學雖不切實用，而還有它不可抗拒的吸引力，便是在於這點神祕感。這點神祕感，不是幻像錯覺，而是性靈的要求，形而上的理想。對被現實所窒息的人們，這是一根通天的出氣筒。今天，哲學之所以被人遺棄，打入冷宮，就是由於太暴露了自己。不像一位高僧，遠居深山，燃著一點性靈之火，讓人們嚮往；而像一位十字街頭的傳教士，亂發傳單，亂拉行人。令人覺得哲學也和市儈一樣的庸俗不堪。今天的哲學，就是陷入了這塊泥坑，而不能自拔。

以文藝來說，它本是人類的情感，經過了千錘百鍊，所昇華成的美。這種美，雖然表現於被創造者，但實際上，卻是真情的流露。無論是一首詩，或一幅畫，它的美，不在字裡行間，不在畫紙之上，而是在於心的共鳴，在於和萬物同化。當一位文學家，或藝術家，提著筆正要神聖地一劃時，就像初戀者的手第一次觸及對方似的，感覺到通體沸騰著一股熱流，是最神祕的，也是最真實的。這就是一切創作的活泉。人類幾千年來，雖然飽經憂患，仍能甘之如飴，也就是有得於此。今天，我們所遭遇的，並不比歷史上最黑暗的時期更為惡劣，但我們所感覺的卻比任何一個時代的人更為痛苦。這是為了什麼？這固然是由於我們在宗教和哲學上找不到神聖的寄託，把遭遇化為火光；甚至於在最親切的文學和藝術上，也找不到出氣筒，使我們的憂患得到適度的發洩，試看今天在文壇和藝壇上所表現的，都是些令人沮喪的頹唐和絕望。無論是象徵派或現代派，它們也並非毫無道理的東西，因為它們都有一個共同的目的，就是擺脫傳統，超越時流，去追求一個更神祕的境界。可是它們在未達到神祕境界之前，先把方法神祕化了，這無異自布迷宮，截斷了通往神祕之路。因為真正的神祕感是在心中，這樣才能像吃橄欖一樣，愈嚼愈有味。如果把神祕寄託於方法，那最多只是江湖上的賣藝者，耍耍手法而已。事實上，中國古代詩人、畫家手下的淡淡幾筆，遠比今天那些滿紙夢囈，不知所云的現代作品更為神祕。所以今天文學和藝術失去了活力，也就是由於它們在方法上的故弄玄虛，而失去了誘人的神祕感。

以一般生活來說，現代人雖然掙脫了沉悶的傳統束縛，但卻為工業社會的機械所窒息，而掉入了離心的休脫狀態。因此他們不得不拼命的求新奇、找刺激。從表面上看，他們似乎在探取神祕，夢想著火箭的直征太空，潛艇的搜盡海底，但那只是向外追尋，並不能解決內心的苦悶。在他們走出了實驗室後，仍然要步入這個混亂的社會，回到這個不夠溫暖的家。這時，他們也許會靜下來想一想：我在那裡？我在為誰而忙？可是機械生活的輪子飛也似的轉動，不容許他們繼續去求解答，明天繁忙工作的鞭子已在那裡抽動，使他們只能在殘喘下，尋取暫時的滿足。於是他們走進了娛樂場所，在那裡，他們沉迷於假相的神祕，牌桌上的每一張牌都有神祕的刺激，舞臺上脫衣舞孃的每一扭動都有神祕的誘惑。玩聲色、玩犬馬，固然如此，而高級一點的，玩股票、玩政治、玩愛情，也莫不如此。總之，他們所醉心的神祕，只是官能上的滿足。他們探取神祕的方式是暴露，而愈暴露，也就愈不神祕。這正同被火箭蹂躪了的月球，脫得一絲不掛的舞孃，再也沒有那種值得永遠回味，咀嚼不盡的神祕感。所以今天一般生活之所以苦悶、消沉，原因就在於過分的暴露。老子曾說：「五色令人目盲，五音令人耳聾，五味令人口爽，馳騁畋獵令人心發狂，難得之貨令人行妨」(《老子》十二章)。這種性的暴露，欲的暴露，正是這個時代之所以失落，所以痛苦。

從以上各方面的檢討，可以看出今日的問題所在，就在於我們未能體法自然，遊心玄祕。由於未能體法自然，因此縱情聲色，捨本逐末；由於未能遊心玄祕，因此拘於形骸，理趣淺薄。這也就是今日世界文化危機的病痛所在；要針砭這種病痛，最有效的良藥，便是使禪與老莊思想注入人心。

然而究竟要如何注入？這不像什麼主義似的，可以靠演講宣傳，經濟援助，或其他人為的方式來推動。因為這是一種內在的體悟，當人心被外物窒息得透不過氣來時，自然會很迫切的需要它。英國羅素對老莊思想的極度讚美，日本鈴木大拙所談的禪在美國受到普遍的推崇，這都說明了西方人士已有此認識，西方社會已有此需要。不過問題是在於他們的了解畢竟有限，因為禪與老莊在發源地的中國已有許多歧路，更何況對於喜歡新奇的西方人，更何況經過了韓國與日本人的輾轉介紹？當然我們不應故步自封，也許禪與老莊和西方文化接觸後，將被磨得更為光亮，也許經過韓國和日本人加入了一些異國的色彩，會顯得更豐滿，更有精神。但那只有寄託於未來。以過去和目前的情形來論，距這個理想尚很遙遠，所以今後禪和老莊必須更進一步的結合，帶著自然和玄祕的兩件法寶，邁向一個新的世界，去解現代人的飢渴，以救人類文化的危機。

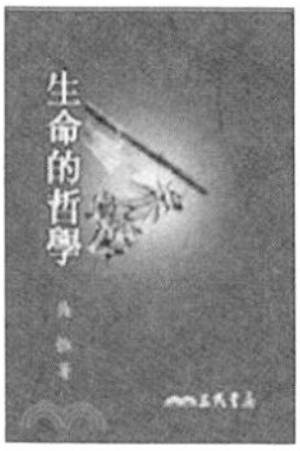

## 生命的哲學

吳　怡／著

本書收錄的六篇文字，都是作者研究和發揚中國整體生命哲學的論文和講稿。人身中「心」的特殊性，使人的生命可以向上提昇而成為偉大的人性和神性，使人類的文明不只是生生不息，而且步步提昇，臻於完美。

國家圖書館出版品預行編目資料

禪與老莊 / 吳怡著. ——三版二刷. ——臺北市:
三民, 2018
面; 公分. ——(三民叢刊:262)

ISBN 978-957-14-6034-5 (平裝)

1. 禪宗

226.6 104011977



著作人 吳 怡
發行人 劉振強
著作財產權人 三民書局股份有限公司
發行所 三民書局股份有限公司
地址 臺北市復興北路386號
電話 (02)25006600
郵撥帳號 0009998-5
門市部 (復北店) 臺北市復興北路386號
(重南店) 臺北市重慶南路一段61號
出版日期 初版一刷 1970年4月
三版一刷 2015年7月
三版二刷 2018年1月
編號 S 120280
行政院新聞局登記證局版臺業字第〇二〇〇號



ISBN 978-957-14-6034-5 (平裝)

http://www.sanmin.com.tw 三民網路書店

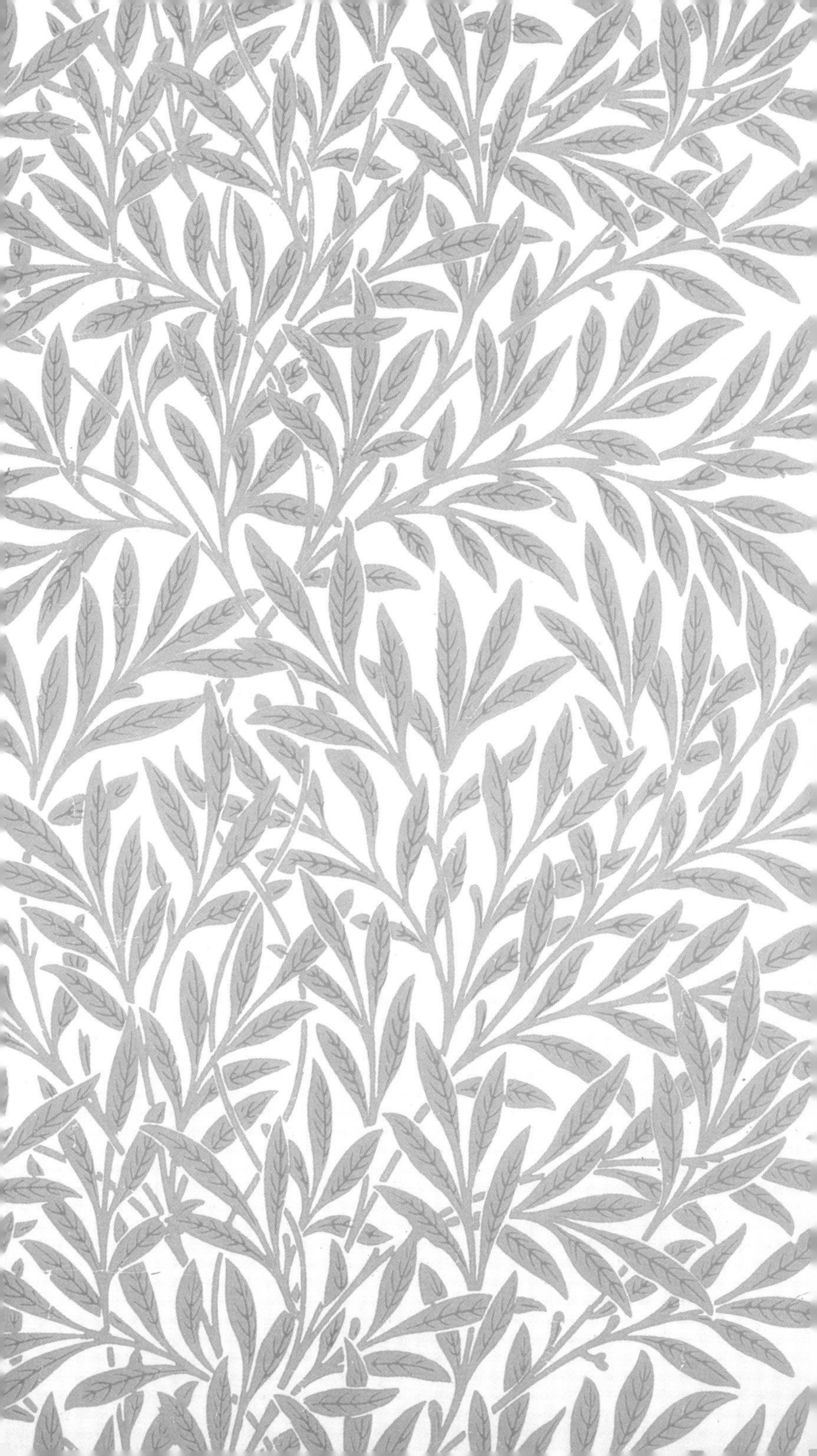